은혜의 발자취
그 감목의 노래들

은혜의 발자취
그 길목의 노래들

황윤석 지음

Q 쿰란출판사

프롤로그

걸음을 멈추고 돌아본 인생

　삶의 끄트머리에서 황혼의 언덕길을 바라본다. 아침 빛이 찬란했듯 저녁 노을도 참 황홀하다. 머지않아 이 언덕을 넘으면 하나님이 예비하신 새 길, 영원한 하늘길을 걷게 될 것이다.

　잠시 걸음을 멈추고 80고개에 들어선 내 인생길을 돌아본다. 때로는 넘어지며 부끄러운 발자취도 여기저기 남겼지만, 그럼에도 걸음마다 함께하신 내 인생의 주인이신 하나님께 감사드리고 어쭙잖은 청지기로서의 내 삶을 스스로 셈해 보며, 그것이 못다한 부족과 허물의 부끄러움일지라도, 하나님께 자복하고 용서를 빌고 싶었다.
　마치 정결한 예복을 입은 제사장이 한 걸음 한 걸음 회개와 감사의 제사를 위해 휘장을 지나 지성소에 들어가듯, 예수님의 분에 넘치는 사랑을 입은 자로, 그에 합당하게 살아내지 못한 인생의 부끄러운 고백을 담아 정결한 십자가 제단 앞에 내려놓고 싶었다.

이 글을 쓰기 위하여 3년 넘는 시간을 노트와 각종 메모로 마치 도배하듯 사방에 펼쳐 놓았다. 포스트잇에도 적고, 노트에 쓰기도 하고, 여백마다 메모로 가득 찬 비망록이 쌓였다. 손바닥만 한 녹음기에 음성을 담기도 하고, 아이패드에도 메모를 써 내려가며 한 글자 한 글자에 나의 간절함을 담았다. 갑작스러운 발병으로 여러 번 중단하기도 했지만 고통 중에서도 포기할 수는 없었다. 하늘 새길로 다가서기 전, 그 거룩하신 하늘 보좌에 다다르기 전, 나의 주님 앞에 두 손 들고 드려야 할 내 인생 고백서이기 때문이다.

이런 글을 쓸 만한 됨됨이도 자질도 부족하나, 이 글은 내가 걸었던 수많은 인생 길목의 산 이야기들이다. 이 글을 통해 남기려는 것은 나의 이야기가 아니다. 들녘 한편에 있는 흔하디흔한 들풀 같은 나의 인생을 돌보아 지켜주시고, 삶의 뜻을 심어주시고 넘치게 베풀어주신 하나님의 사랑과 은혜의 이야기이다.

내가 나의 주인으로 살았던 첫 번째 길목은 나의 성공, 명예,

사업, 가족 등 오로지 나와 관계된 작은 성을 세우기 위해 살아온 날들이었다.

그 후 하나님을 만나면서 하나님의 시간 속에 들어가게 되어, 그의 영원을 바라보게 되고 거듭난 내 영혼의 기쁨을 누리는 두 번째 신앙의 길목으로 접어들었다.

그리고 이제 세 번째 길목에 선 지금 나는 남은 인생의 만개(滿開)를 맞이하고 있다. 어느덧 만추의 낙엽길을 걸어가지만 역설적으로 내 인생의 피크(peak)의 시간이다.

몸도 정신도 이전 같지 않지만, 찰랑이는 시냇물이 갈길 마치고 저 끝없는 바닷물의 품에 안기듯, 시간이 돌고 돌아 저녁 노을을 타고 넘어 저 하늘 북두칠성 별동네의 새 아침을 찾아 나가듯, 주님께서 인도해주실 나의 새 길목을 그려본다. 그러기 위해 남은 날들을 날마다 내려놓는 무욕의 경건함으로, 성찰의 거룩함으로, 그리고 소망의 떨림으로 보낼 수 있음을 감사한다.

지난 시간을 되돌아보며 하고 싶은 말이 생겼다. 나의 인생에게, 나와 함께한 모든 사람에게, 그리고 하나님께.

죄송합니다. 고맙습니다. 사랑합니다.

이 글은 멀지 않은 훗날, 나의 생의 주인 되시는 하나님 앞에서 그 거룩하심 앞에서 나의 인생을 그분 앞에서 셈을 할 때, 감사의 찬송가요 참회의 반성문처럼 두렵고 떨림으로 올려드리길 원한다.

바람이 있다면, 이 글이 잔잔한 메아리가 되어 인생의 후배들에게는 하나님의 좋으심과 아름다움을 아는 계기가 되기를, 또한 믿음의 아우들에게는 하나님을 더욱 깊이 예배하게 하며, 그리고 이스라엘 열두 지파처럼 남겨질 나의 후손들에게는 부족한 선조가 하나님 앞에 못다 한 충성을 다시 온전히 다짐하는 계기가 되기를 간곡한 마음으로 기도한다.

이 글이 한 권의 책으로 태동하기까지 기도해 주시고 격려해 주신 가족들과 성도들, 그리고 늘 함께하며 성실하게 모든 궂은일을 도와주는 JC에게 깊은 감사를 전해 드린다.
그리고 아무리 애를 써도 참 좋으신 나의 하나님의 넘치는 사랑과 자비하심을 다 표현할 길이 없어 부끄러움과 죄송함으로 머리를 숙입니다.

2025년 3월
어바인에서
황윤석(Scott. W.)

추천의 글

은혜의 발자취 그 길목의 노래들

남가주 새누리교회
담임목사 박성근

 귀한 책을 통해 감동도 받고, 도전도 받았습니다. 책의 구석구석에 서려 있는 장로님의 진솔한 고백과 신앙 여정이 인생의 참된 의미와 가치를 되돌아보게 했습니다.
 기업인으로서 살아온 여정을 소개해 주셨고, 그것을 신앙적 차원에서 재조명해 주신 것이 좋았습니다.
 특히 아발란치 매각에 대한 이야기가 마치 김성일 씨의 소설을 읽는 것처럼 흥미롭고, 기업가로서의 전체 여정을 잘 요약해 준 듯 했습니다.
 대우를 그만두신 후 코드라를 설립하시고, 아발란치를 설립하시는 과정에서 눈에 보이지 않는 하나님의 손길을 언급해 주신 것이 좋았습니다. 예컨대, "내가 하나님을 만난 후 설립했기에 내겐

'에벤에셀'과 같았다"라는 대목이 감동적이었습니다.

어린 시절, 어머니 이야기, 간디의 일화를 통한 비전을 향한 집념, 어릴 적부터 가지고 계셨다는 열정과 고집 등이 장로님의 생애를 잘 보여주는 듯했습니다. 솔직히 장로님을 1990년대나 그 후에 만난 사람들은 장로님의 이런 면들을 잘 모를 것입니다(솔직히 저도 그랬습니다). 그냥 성공한 기업가, 명문대학 출신, 훌륭한 창업가 등으로만 알고 있지, 이런 시련의 여정을 통해 피어난 꽃이란 사실을 잘 모를 것입니다. 이런 면에서, 많은 사람들에게 새로운 도전을 주리라고 생각합니다.

이와 더불어 40세 이전까지 불신앙의 방황기를 살았던 인생이 예수님을 만나면서 변화된 과정을 잘 담아 주셨습니다. 우연 같지만, 김동명 목사님을 소개받은 일이나 LA 침례교회를 나오시게 된 과정 속에서 장로님 가정을 사랑하시는 하나님의 섭리를 보게 됩니다. 참된 거듭남과 하나님 사랑에 대한 감격이 오늘날의 장로님을 만들었다고 생각합니다. 너무나 귀하고 아름다운 간증입니다.

성공의 정점에서 남은 인생을 더 가치 있게 살기 위해 기업을 매각하고, 신학을 공부하고, 사역을 준비하신 과정도 도전이 되었습니다. 마치 Bob Burford의 《Half Time》처럼, 성공(success)을 위해 달려오던 인생이 의미(significance)를 찾기 위한 인생으로 전환하는 모습을 볼 수 있었습니다.

그럼에도, 다시 새 창업(OSC)의 기회를 주시고, 은행의 이사로서 중요한 합병을 이루게 하신 것은 하나님의 특별한 은총입니다.

비록 지금 암이라고 하는 불청객과 투병 중에 계시지만, 이것마저도 장로님을 통해 하나님을 보여주시기 위함이라고 믿습니다. "내게 암은 사망 선고가 아니라, 오히려 축복의 통로가 되었음을 고백한다. …이 글은 내 생명의 주인 되시며 내 삶의 왕이신 나의 하나님의 종으로서 올려드리는 나의 인생 보고서이다. …항암 치료 과정을 통해 내 혈기와 고집이 암세포와 함께 소멸되었다." 이것은 장로님의 간증이며 믿음의 선포입니다.

가정에 대한 축복, 가족과 자녀들에 대한 솔직한 고백과 감사도 많은 감동이 되었습니다. 교회와 영적 리더십에 대한 내용도 좋은 깨달음과 도전을 얻게 되었습니다. 겉포장만 그리스도인이 많은 이 시대에 참된 열매를 가진 크리스천이 절실하기 때문입니다.

창업을 꿈꾸는 자들을 위한 현실적인 조언과 마치 바둑을 복기하듯 지난날들을 되돌아보며 영원한 본향을 향해 쓰신 마지막 글은 긴 감동의 여운으로 남아있습니다.

이 책의 출간이 장로님의 생애를 정리한 좋은 Diary가 될 뿐 아니라, 많은 신앙의 후배들에게 도전을 주는 책이 될 수 있기를 기도합니다.

추천의 글

여호와를 경외하는 것

Bank of Hope
Kevin S. Kim
Chairman & CEO

황윤석 회장께 이 책의 초고를 받고 읽기 시작했을 때 첫 페이지부터 바로 몰입되어 쉬지 않고 처음부터 마지막까지 완독하였다. 이 책을 읽는 동안 나의 마음속에는 "여호와를 경외하는 것이 지혜의 근본이요 거룩하신 자를 아는 것이 명철이니라"(잠언 9:10)라는 성경 말씀이 계속 떠올랐다.

이 책을 읽으며 나에게 인상 깊게 다가온 내용은 누구나 부러워하는 학벌, 대기업에서 젊은 시절부터 고속 승진을 하며 쌓아온 성공적인 직장 커리어, 그 후에 여러 차례 회사를 창업하여 건실한 기업으로 성장시킨 그의 이력이 아니다.

이 책의 중심 메시지는 이미 기존에 나와 있는 많은 사람들의 자서전이나 회고록에서 쉽게 찾아볼 수 있는 세상의 성공 스토리와는 다르다. 그러한 책들은 저자들이 매우 어려운 조건하에서 본인들이 얼마나 피나는 노력을 했으며 불굴의 투지와 굳건한 신념으로 어떻게 성공했는가를 집중적으로 조명하며 저자 본인의 삶과 성취에 중점을 둔 책들이다. 물론 이러한 세상적인 성취는 어느 하나 땀방울과 헌신, 성실함 없이 공짜로 쉽게 이루어지는 것이 없고 당연히 자랑스럽고 많은 사람들로부터 인정과 존경을 받아야 마땅한 일들이다.

하지만 이 책은 그러한 인간적인 관점보다는 하나님의 주권 아래 십자가의 사랑과 복음의 은혜 안에서 인도하시는 하나님 중심의 관점에서 쓰여졌다. 이 책은 오늘날 우리 사회에 팽배한 성공지상주의, 능력주의에 오도되어 마치 능력 있고 세상적인 성공을 거둔 자들만 인생의 성공자인 양 잘못 인식하기 쉬운 우리들이 시대 정신의 오류에서 벗어나 하나님의 통치와 인도하심을 이해하고 의지할 수 있는 믿음을 형성하는 데 도움이 될 것으로 확신한다. 이는 성공이라는 화두를 가지고 하나님의 주권 아래 사는 인간의 위치를 이해하는 데 도움을 주는 성경 전도서 메시지와 맥을 같이하고 있다고 느꼈다.

"내가 다시 해 아래에서 보니 빠른 경주자들이라고 선착하는 것이 아니며 용사들이라고 전쟁에 승리하는 것이 아니며 지혜자들이라고 음식물을 얻는 것도 아니며 명철자들이라고 재물을 얻는 것도 아니며 지식인들이라고 은총을 입는 것이 아니니 이는 시기와 기회는 그들 모두에게 임함이니라" (전도서 9:11).

내가 황 회장을 처음 뵌 것은 약 14~5년 전으로 기억된다. 그동안 황 회장과 많은 교제와 대화를 해오며 가까운 관계로 지내왔지만 이 책을 읽기 전까지는 그냥 외견상 보이는 대로 성공한 사업가, 신실하고 배려심 깊은 그리스도인, 그리고 매우 화목하고 다복한 가정의 가장으로만 알고 있었다.

하지만 이 책을 통해 기복 없이 순탄하게만 보이는 그의 인생의 이면에 어떠한 고난과 시련의 과정을 겪으면서 어떻게 예수님 십자가 앞으로 나아오고 자기 자신의 옛 자아를 죽이며 복음 안에서 새로운 생명으로 다시 태어났으며, 또 성숙한 그리스도인으로 어떻게 성장해 왔는지 알게 되었다. 그리고 하루하루 일상에서 하나님은 그에게 어떤 존재이며 어떻게 하나님의 사랑과 은혜를 의지하여 하나님의 뜻을 이해하고 그대로 순종하며 살기 위해 몸부림치는지에 대한 진솔한 고백과 가식 없는 나눔을 읽으며, 나는 많은 충격과 감동과 도전을 받았다.

영국의 저명한 역사학자인 아놀드 토인비는 《역사의 연구》라는 방대한 12권의 저서에서 유명한 도전과 응전이라는 개념을 만들어 내며 "삶은 도전이고 이겨내는 것이다"라고 말했다. 모든 문명이 몰락하는 것이 아니라 전에 효과적으로 응전하는 문명은 살아남는다고 설파하였다.

역사는 창조적 소수에 의해 바뀌어 가지만 한번 응전에 성공한 엘리트 집단은 과거 성공에 매몰되어 자신들의 성공 방식을 절대적 진리로 착각함으로써 또다시 응전에 성공할 가능성이 지극히 낮다는 견해를 피력하기도 했다. 토인비는 기독교 신자로 교육받고 자랐지만 이러한 그의 역사관은 기독교인들이 믿는 하나님의 구속 사관과 궤를 달리하고 있다.

기독교의 구속 사관은 우리 개인 혹은 집단의 삶 속에서 많은 도전과 위기가 다가오지만 그 안에서 하나님의 목적과 섭리에 따른 일들이 전개되고 죄와 사망에서 의와 생명으로 온전히 거듭나는 과정이 진행되며 이것이 역사의 흐름으로 나타난다는 역사관이다.

다시 말해서 역사의 주체는 도전에 성공적으로 응전하는 소수의 엘리트 집단이 아니고 초월자이시며 절대자이신 하나님이시며 하나님의 섭리와 통치하에 역사는 만들어지고 이어지는 것이다. 이러한 기독교의 구속 사관의 실제 사례를 저자의 생생한 간증과 고백을 통해 독자들이 선명하게 보고 느낄 수 있기를 기대한다.

이 책은 학업을 마치고 사회에 진출하려는 젊은이들, 직장에서 일을 하며 성공적인 커리어를 꿈꾸고 있는 직장인들, 창업을 준비 중이거나 자기 사업을 운영하고 있는 사업가들뿐 아니라 인생의 의미와 목적을 몰라 방황하는 모든 사람들에 이르기까지 큰 감명과 깨달음을 줄 것으로 확신하며 꼭 한 번 정독해 볼 것을 강력히 추천한다.

Contents

프롤로그
걸음을 멈추고 돌아본 인생   4

추천의 글
은혜의 발자취 그 길목의 노래들_남가주 새누리교회 담임목사 박성근   8

추천의 글
여호와를 경외하는 것_Kevin S. Kim (Bank of Hope Chairman&CEO)   11

1장 이력서 없는 입사

황윤석이 만난 사람—김우중 회장	23
초기 종합상사의 하루	27
가정을 이룬 인생 여정길	30
첫 번째 서원, 제가 믿겠습니다	36
비서실은 싫습니다	40
영어는 나의 운명	51

2장 테헤란에서 캘리포니아까지

32세의 테헤란 지점장	67
흙담길의 소 치는 목동	73
내 생애 첫 불꽃, 야학	83
두 번째 발령—카이로, 그리고 출애굽의 역사	87
사랑은 오래 참고	92
나의 인생길 엑소더스	97
영문과 지망생의 진로가 바뀌다	105
그의 EXIT PLAN	110
그해 여름	121

3장 사업가의 길—첫 창업

코드라의 시작, 첫 거래 오리 쿠션	127
인생 첫 사업체, 코드라의 탄생	134
신의 영역	138
서원의 길—돌아온 탕자	148
마음이 가난한 자가 될 때까지	154
15년 만의 귀향, 돌아온 탕자의 비유	160
영문 밖의 길에 흘린 눈물	165
믿음의 눈으로 본 아내	172

4장 나의 에벤에셀, 아발란치

아발란치 퍼블리싱의 탄생	179
캘린더 엠파이어로 우뚝 서다	187
우리는 가족, 아발란치 패밀리	191
다이애나 왕세자비 추모 캘린더 제작 비화	196
눈덩이처럼 불어나는 아발란치	204

5장 서원의 길-하늘의 시간, 하늘의 시간표

두 번째 서원, 60세부터는 하늘의 시간	211
아발란치 매각의 우여곡절	218
정든 이별 "Avalanche Publishing Inc."	223
하나님의 창업을 이어받는 일-그의 뜻을 이루는 창업	228
창업-성공의 두 가지 '마음가짐'	234

6장 축복과 반전의 역사

두 번째 서원—방황의 길	243
첫 번째 방황—신학대학원에 입학하다	245
두 번째 방황—창업	253
축복과 반전의 역사	259
은행 합병—뱅크 오브 호프	271
세 번째 방황-섬김	276

7장 경이로운 고난, 암 투병이 축복의 통로가 되다

고난의 시작에 함께하신 주님	285
세 번째 서원, Being의 삶과 Doing의 삶	291
다시 주님 앞에 엎드려	295

부록

내 생애 가장 깊고 깊은 나홀로 묵상 여행	301

1장

이력서 없는 입사

"월요일부터 출근하게."
나에 대한 신뢰의 다른 표현이었을까,
악수를 청하는 김우중 회장의 손에 힘이 들어가 있었다.
찌릿, 전기가 흘렀다. 그랬다.
마치 전기가 악수하는 손을 관통하는 느낌이었다.
그 순간 나는 나의 인생에 새로운 길이 열린 것을 깨달았다.
마치 운명처럼.

어바인 집 뒤뜰에서

해가 저물고 있다. 아침에 뜨는 해보다 지는 해가 더 아름다워 보인다. 화려한 색감은 사라지고 주변의 풍경이 고요히 가라앉는다. 잠시 바람이 뒤뜰의 여린 꽃들을 스치고 지나간다. 가볍게 흔들리는 풀, 그리고 나뭇잎들.
하얀 김이 오르는 찻잔을 앞에 놓고 나의 명상의 뜰, 뒷마당에서 이 글을 적는다. 늘 내 곁을 지키고 있는 작은 메모지, 펜. 나는 언제 어디서든 메모했다. 언제 어디서든 상상력과 창의력, 독특한 이미지를 떠올리고 적었다. 그때의 마음도 썼다. 기쁨과 슬픔, 아쉬움과 고독을 모두 펜으로 적어 내려갔다. 그렇게 해서 몇 권의 노트가 쌓였다.
그것은 나의 역사다. 나는 늘 마음을 쓰고 기억을 적고 미래를 계획했다. 마음을 기록한 글에는 하나님을 향한 감사와 찬양과 참회가 올올이 쌓여 있다.

나의 인생의 해도 어느덧 한때를 넘기며, 지난날의 회상에 다시 잠긴다. 황톳길, 흙담길에서 어바인까지, 내 나그네 길의 세월이 팔십 년을 바라보고 있다. 나그네 길에서 힘든 시간도 보냈지만 늘 하나님의 넘치는 은혜 속에서 기대하지 못했던 사람들을 통해 내 인생길을 인도해 주셨다.

오늘은 지나간 기억 속의 그리운 얼굴들을 되새겨 본다. 그중 가장 먼저 떠오르는 만남은 대우그룹의 고(故) 김우중 회장과의 만남이다. 잊을 수 없는 그날의 만남을 시작으로 하나님께서는 내 영혼에, 내 인생의 앞날을 그려주셨다.

황윤석이 만난 사람
−김우중 회장

이상한 점심 약속

"넌 어떤 사업을 해도 성공할 놈이야."

서울대 상대에서 공부했던 4년 내내 담당교수와 친구들은 나를 보면 입버릇처럼 말했다. 거침없고 자유로웠으며 한편 저돌적이기까지 한 나에 대한 평가였다. 평균 C(1.0) 학점으로 가장 경제성 있는 졸업을 앞두고 있는 나에게 스카우트 제의가 들어왔다.

한국인 최초로 손해보험학 미국 박사학위를 받은 상대 학과장 닥터 방의 주선이었다. 그가 한때 부사장으로 근무한 적이 있는 D 해상화재보험(현재 현대화재해상)으로 스카우트하신 것이다.

나는 제안을 수락했다. 은행보다 상대적으로 새로운 분야였고 장래성이 있다는 것을 고려한 역선택이었다. 가장 매력적인 스카우트 조건은 보험의 메카인 영국 런던의 로이드(Lloyd's: 세계 최대의 보험시장. 지금도 전 세계 보험사들이 로이드의 결정에 따를 정도로 막강하다)로의 해외 연수 기회를 제공한다는 것. 이 약속은 넓은 세상을 꿈꾸던 내 마음에 불을 지폈다.

하지만 로이드 유학 약속은 계속 미뤄졌다. 위험 예측, 분산, 언더라이팅 같은 일상적이고 통상적인 사무 업무에 맥이 빠졌다. 그렇게 2, 3년이 지나면서 유학의 기대로 부풀었던 마음도 점차 바람 빠진 풍선처럼 되었다. 새로운 분야의 역동성을 기대했던 나는 실망 일색이었다. 지루한 회사 생활이 이어졌다.

어느 날 점심을 같이 하자는 대학 동기의 연락을 받았다. 그는 당시 대우그룹 공채 1기로 섬유부에서 수출 역군으로 활약 중이었다. 시내에서 만나 뜨끈한 우동을 앞에 놓고 근황을 나누는데 뜬금없이 식사 후 같이 갈 곳이 있다는 것이다.

별 생각 없이 따라간 곳은 대우그룹이었다. 회사를 보여주려는 건가? 그렇게만 생각했다. 그러나 그가 나를 데리고 간 곳은 대우그룹 회장실이었다. 무슨 일인지 물어볼 사이도 없이 그에 이끌려 회장실로 들어섰다.

황윤석이 만난 사람-김우중 회장

"어서 들어오게."

김우중 회장이 웃으며 나를 맞이했다. 얼결에 회장실에 들어온 나는 무슨 영문인지 알 수 없었다. 알고 보니 대학 시절 내내 나를 지켜봤던 친구가 회장님께 나를 추천한 것이었다. 내가 지닌 장점이 대우에서 더 빛을 발할 것이라는 확신이 있었다고 한다.

김우중 회장은 어떤 사람인가. 그는 1960년대 후반 대우 실업을 설립한 신화 같은 인물로 모든 젊은이들이 꿈꾸는 도전의 아이콘이었다. 1970년대의 (주)대우는 뛰어난 역동성을 발휘하여 단기간에 최고의 성장을 이끌어냈다. 그는 대한민국 수출 드라이브 정책을 견인한 주역들 중 가장 열정적인 분이었다.

유능한 CEO의 눈은 매의 눈과 같았다. 무심한 듯 보이지만 작은 몸짓 하나도 놓치지 않았다. 짧은 대화 속에서도 능력과 열정과 리더십을 읽어냈다. 성장 잠재력까지 가늠하는, 남다른 통찰력이 번득이는 그 눈빛에 나는 단숨에 빨려 들어갔다.

면담은 짧았다. 대화인지 면접인지 알 수 없는 대화였다. 길게 묻거나 따지지도 않았다. 회장님이 나에게 손을 내밀었다.

"월요일부터 출근하게."

나에 대한 신뢰의 다른 표현이었을까, 악수를 청하는 김우중 회장의 손에 힘이 들어가 있었다. 찌릿, 전기가 흘렀다. 그랬다. 마치 전기가 악수하는 손을 관통하는 느낌이었다. 그 순간 나는 나의 인생에 새로운 길이 열린 것을 깨달았다. 마치 운명처럼.

구직에서 취업까지의 모든 과정이 생략되었다. 그야말로 이력서 한 장, 자기소개서 한 장 제출하지 않은 특채였다. 대우그룹 사가(社歌)에도 나오듯, '오대양 육대주를 발로 뛰는' 대우맨이 된 것이다.

1973년 1월 4일, 가슴이 두근거리는 긴장과 흥분 속에서 첫 출근을 했다. 1972년 결혼 이후 새로운 인생의 첫 번째 축복이었고, 결혼식 서약에서 하나님을 믿겠다는 내 입술과 가슴의 맹세를 들으신 하나님이 허락하신 축복의 첫발이었다.

초기 종합상사의
하루

대우그룹 비서실에서 근무를 시작했다. 김우중 회장의 독특한 아이디어, 담대한 도전과 창의성은 놀라웠다. 나는 비서실에서 그 생생한 현장을 직접 체험하며 신입사원으로는 분에 넘치는 나날을 보냈다.

당시 대우는 해외 무역 중심의 종합 상사 초기여서 회사의 전반적인 분위기는 해외 시장 개척의 열정으로 뜨거웠다. 하루가 멀다 하고 해외 바이어들이 내방하고 그들을 상담하는 일들로 하루 24시간이 오히려 짧을 지경이었다.

서울역 앞 대우센터를 인수하는 일, 각 계열사의 생산 현황을 보고하는 일 등 중요한 업무들이 끝없이 산적해 있었다. 하지만 나는 그 역동성을 사랑했다. 12시간 이상 근무는 예사가 되어 급기야는 통금 시간이 퇴근 시간처럼 되어버렸다. 당시는 모든 '상사맨'들이 그러한 불 같은 열정을 가지고 있었다. '우리의 희생으로 후세의 손엔 외화를 쥐여주자'라는 모토를 노래처럼 부르며 통금 시간까지 청춘을 불태웠다.

통큰 회장님

부동산에 문외한이던 나에게 부동산 실사 임무가 주어졌다. 50여 건의 은행 부실채권 담보 부동산 입찰에 참여하게 된 것이다. 현장마다 찾아가 사진을 찍으며 실사를 하는 과정에서 훗날 부평 대우그룹 자동차 공장 부지가 마련되는 성과도 있었다.

그중 주택 이십여 채가 있었는데 김우중 회장은 그것을 대우그룹 임원들에게 배당해 주셨다.

| 회장님께서 사시던 신혼집을 물려 주시다

김우중 회장님은 겨우 입사 3년차인 나에게도 혜택을 누리게 해주셨다. 성북구 미아동에 있는, 회장님이 결혼하시고

사셨던 신혼집을 나에게 할당해 주셨던 것이다. 소박한 집에 비해 대지가 아주 넓었다. 그 당시 서울 변두리 중에도 변두리였던 개봉동에서 출퇴근하는 나를 생각해 주신 것이다. 분에 넘치는 배려를 해주시며 아껴 주시던 회장님을 떠올리면 지금도 가슴이 뭉클해진다.

가정을 이룬
인생 여정길

　우리의 첫 신혼집은 개봉동 13평 시영 임대 아파트였다. 수천 명이 몰려든 경쟁에서 당첨된 아파트를 처형이 아내에게 준 것이다. 조립식 가구 몇 개가 전부인 소꿉장난 같은 신혼살림이지만 행복했다. 안정되고 편안한 가정을 그렇게도 원했는데 스위트 홈, 해피 패밀리의 꿈이 드디어 이루어졌다. 어머니가 돌아가신 다섯 살 이후 휑하게 뚫려 있던 어머니의 빈 자리가 비로소 채워진 느낌이었다. 대학 시절에 친구들이 연애에 골몰해도 나의 마음은 달랐다. 연애 상대보다는 결혼 상대를 만나 하루속히 나만의 가정을 이루고 싶었다. 안정되고 편안한 가정에 대한 동경이었다.
　아내를 처음 본 순간, 눈이 부셨다. 바로 이 사람이구나 싶었다. 세상의 모든 아름다운 형용사가 무색해졌다. 내 눈길을 사로잡은 그녀 외에, 세상의 어떤 여자도 눈에 들어오지 않았다. 아내를 만난 것은 내 인생의 가장 큰 축복이었다.

유월의 신부

우리는 우리만의 특별한 결혼식을 꿈꿨다. 틀에 박힌 순서에 장터처럼 혼잡한 결혼식은 싫었다. 정결하고 거룩한 곳에서 사랑의 맹세를 하고 싶었다. 색다른 장소를 물색하던 아내가 이대 중강당 채플(chapel)을 제안했다. 채플은 이대 졸업생들에게 결혼식 장소로 제공하는 특혜가 있었던 것. 그야말로 하늘이 준 장소였다. 우리는 서둘러 예약했다.

웨딩드레스는 단순한 절제미가 돋보이는 아름다운 드레스였다. 아내가 직접 디자인했고(의상직물학과를 졸업한 아내는 남영나이론에서 디자이너로 일했다. 그녀가 디자인한 몇몇 나이트 가운은 시판되기도 했다.) 주변의 도움을 받아 완성했다. 데이지 꽃 생화로 만든 웨딩 화관과 웨딩 부케도 모두 아내의 솜씨였다.

6월의 신부는 아름다웠다. 결혼식을 마친 후 채플 앞 교정에 가득한 6월의 꽃들 속에서 가든파티를 했다. 하객들과 자연스레 어울리며 핑거푸드와 가벼운 음료를 나누는 결혼식은 당시로서는 파격적이었다. 처음부터 끝까지 둘이 계획한 결혼식이었다. 상혼

이 끼어들 여지도 없었고 시간에 쫓길 일도 없었다.

   신부와 눈을 맞추면서 우리만 알 수 있는 비밀스러운 미소를 지었다. 모든 게 꿈만 같았다. 예기치 못한 일로 하마터면 결혼식이 취소될 뻔한 것은 우리만 아는 비밀이었다.

황윤석이 만난 사람
■
아내 윤옥희

바람 부는 12월의 어느 날, 학과 친구와 나는 명동 한복판에 서 있었다. '졸업 전에 마지막 미팅을 주선하라.' 과대표였던 나에게 주어진 마지막 미션이었다. 하지만 시기가 맞지 않았다. 2학기 말 시험도 끝나 겨울 방학에 들어갈 즈음이어서 어느 여자 대학과도 연락이 닿지 않았다. 궁리 끝에 선택한 곳이 명동이었다. 여대생들이 잘 모이는 명동 거리로 나가 무작정 부딪쳐 보자. 무모했지만 달리 방법이 없었다.

나는 이화여대 가정대 학생에게 남다른 관심이 있었다. 나의 sweet home, 나만의 가정을 꿈꾸던 내게 가정대학이 주는 의미가 남달랐던 것이다. 이대 가정대 배지는 노란색이었다.

얼마나 오랫동안 서 있었을까, 그러던 중 노란색 가정대 배지를 달고 지나치는 이대 여학생 둘을 발견했다. 깊게 심호흡을 한 후 망설임 없이 다가갔다. '지성이면 감천'(Sincerity moves Heaven)이라고 했던가. 열과 성을 다한 설명 끝에 호감 섞인 대화가 오갔고, 마침내 '졸업 기념 미팅'이라는 쾌거를 이루어 냈다.

그 미팅의 절차와 방법을 기획하기 위해 만난 여학생 대표 중 한 사람이 바로 윤옥희였다.

첫눈에 들어왔다. 이름에 걸맞게 보석처럼 빛나는 여학생이었다. 이화여대 가정대 의상직물학과 2학년. 바로 저 여인이다!

그녀를 본 이후 나의 간절함은 오랜 시간 깊어졌고 길어졌다. 하필 그때 그 자리에 그 사람이 있었다. 그런 것을 '운명'이라고 말하는 것일까?

그러나 정작 미팅에서는 내 친구 파트너가 된 그녀. 그렇다고 이대로 포기할 내가 아니었다. 우여곡절 끝에 친구의 양해를 얻어내어 내 파트너로 만들었다. 이런 걸 집념이라고 하는지 모르겠다.

첫 데이트는 생맥주가 넘실거리는 OB's Cabin에서였다. 직장 인터뷰도 끄떡없었는데 그녀 앞에서는 그렇게 떨릴 수가 없었다. 나는 한눈에 그녀가 나의 배우자임을 확신했다. 지성과 미모를 겸비한 그녀는 차분하고 소박하며 긍정적이었다. 윤옥희는 그렇게 나의 영혼을 사로잡았다.

처음 마주한 그녀 앞에서 나는 나의 일대기를 전부 쏟아냈다.

부끄럽지도 않았고 숨길 것도 없었다. 고작 다섯 살의 먹먹한 인생이, 황소를 몰고 가는 일곱 살 소년의 고독이, 도서관 구석 골방의 문학과 단상과 사유가 끝도 없이 흘러나왔다.

그녀는 나의 진솔한 이야기에 귀를 기울이고 진심으로 들어주었다. 데이트는 2년 동안 계속되었다. 나는 화사하고 아름다운 그녀에게 프러포즈했다. 내 생애 가장 찬란한 날이었다.

첫 번째 서원,
제가 믿겠습니다

"자네는 기독교인인가?"

어려운 질문은 아니었다. 하지만 나는 대답할 수 없었다. 그때까지 생각해 본 적 없는 예상 밖의 질문에 당황했다. 채플 결혼식을 하려면 반드시 이화여대 교목 선생님이 주례를 서야 했고, 교목 선생님이 주례를 서려면 둘 다 반드시 기독교인이어야 했다. 채플을 예약한 후 결혼 주례를 부탁드리기 위해 교목 선생님을 찾아뵌 것인데 뜻밖의 질문에 맞닥뜨린 것이었다.

내가 기독교인이 아니라는 사실을 알게 된 교목 선생님은 채플 사용과 주례를 취소한다고 통보했다. 규정상 자신이 임의로 할 부분이 아니어서 어쩔 수 없다고 했다.

예비 신부 낯빛이 새하얗게 질렸다. 나 또한 마찬가지였으리라. 이미 결혼 준비를 끝냈고 청첩장도 돌린 상태였다. 채플 사용도 못 하고 주례도 없으니 예정된 결혼식은 무기한 연기해야 할 판이었다. 기가 막혔지만 방법이 없었다. 규정이 그렇다는데 어떡한단 말인가.

기대하고 꿈꾸어 왔던 결혼식이 무산되다니 있을 수 없는 일이었다. 잠도 못 자고 2, 3일을 깊은 수렁 속에서 헤맸다. 아니 기독교인이 된다는 게 대체 뭐길래 이렇게 나의 인생을 가로막는단 말인가. 답이 없는 고민만 깊어지던 어느 순간 나는 벌떡 자리에서 일어났다. 믿으면 되지! 지금부터라도 믿으면 되잖아!

다시 교목 선생님을 찾아가 면담을 요청하고 간곡하게 말씀드렸다.

"지금은 제가 기독교인이 아니지만 약속드립니다. 결혼 후 반드시 기독교인이 되겠습니다."

교목 선생님은 난감한 표정이었다. 눈을 감은 채 아무 대답이 없었다. 정적 속에 시간만 흐르고 있었다. 나는 계속 간청했다. "제가 하나님을 믿겠습니다." 정말 간절한 마음이었다. 한참 숙고하시던 교목 선생님이 이윽고 말씀하셨다.

"학교 원칙에는 어긋나지만 약속을 믿고 주례를 서 주겠네."

나는 다시 힘주어 다짐했다.

"제가 믿겠습니다."

첫 번째 서원은 그렇게 막을 열었다. 결혼식이 열리는 이대 중강당 채플에서 수많은 하객들 앞에서도 다시 고백했다.

"예수 그리스도를 내 생명과 구원의 구세주로 인정하고 고백합니다."

하나님과 사람 앞에서 한 이 약속이 얼마나 큰 약속인지 그때는 알지 못했다. 이 약속이 내 일생을 바꾸는 거룩한 신앙고백이라는 것도, 15년 후에 그 열매를 맺으리라는 것도.

지켜지지 않은 약속, 그러나 지켜지게 될 약속

문제는 나였다. 1972년 6월 윤옥희를 아내로 맞이하기 위해 이대 채플 결혼식에서 사람과 신 앞에서 약속했다. 아내와 약속했고, 교목 선생님과 약속했고, 그들이 믿는 하나님과 약속했다. 약속은 성취되기까지 기다림의 시간이 존재했다. 약속의 무게가 클수록, 삶과 밀접하게 연결되어 있을수록 더 많은 기다림의 시간이 필요한 것이다.

대우그룹에서의 직장 생활은 그렇게 호락호락하지 않았다. 일주일에 60~70시간을 넘나드는 바쁜 일정을 소화하다 보면 시간적, 정신적 여유가 없었다. 그렇다 보니 일요일에 교회 갈 엄두도 내지 못했다. 일부러 약속을 안 지킨 것은 아니었지만 하나님의 사람이 되겠다는 약속, 즉 서원은 계속 유보될 수밖에 없었다.

그러나 나를 향한 그분의 계획은 세밀하고도 은밀하게, 한 치의 오차도 없이 계속 진행되고 있었다. 다만 내가 알아채지 못했을 뿐이다.

"제가 믿겠습니다."

결혼을 위한 그 언약은 결혼보다 더 크고 위대한 약속, 나의 영원한 생을 향한 첫 서원이기도 했다. 오랫동안 그 약속을 잊은 듯 살았지만 하나님은 나의 약속이 성취될 수 있도록 신실하고 인자하심으로 준비하고 계셨다. 그렇게 하나님은 15년이라는, 믿기지 않는 긴 세월을 기다려 주셨다.

비서실은
싫습니다

 매일 아침 나는 국내 유수 패션 디자이너의 코디로 출근했다. 패션 감각이 뛰어난 아내가 직접 골라 코디해 준 옷은 어느 명품보다 멋있었다. 과분하기 짝이 없는 일이었다.
 아내는 기대했던 이상으로 알뜰하게 살림을 꾸려 나갔다. 이 말은 곧 아내가 많은 희생을 해야 했다는 의미이기도 했다. 아내는 평생 나를 섬기며 나에게 맞춰 살았다. 생각과 행동에 격이 있으면 그 사람 자체가 명품이라는 나의 지론대로 아내 자체가 나에게는 명품이었다.
 대우 비서실 근무는 안정적이었다. 그러나 나는 자꾸 영업부서 쪽으로 눈길이 갔다. 당시 영업부서는 초기 종합상사로서 해외시장 개척의 열정으로 뜨거웠다. 활기차고 생동감 있는 분위기가 내 마음을 사로잡았던 것이다.

나에게는 고등학교 시절부터 품어온 꿈이 있었다. '세상은 넓고 할 일은 많다.' 김우중 회장의 캐치프레이즈는 곧 나의 캐치프레이즈였다. 영업부야말로 세계를 향한 나의 꿈을 펼칠 수 있는 곳이었다. 그러던 어느 날 기회를 엿보아 용기를 내 조심스레 말씀드렸다.

"회장님, 영업부에서 일을 해보고 싶습니다."

"그냥 비서실에 있지."

부드러운 웃음 속에 깃든 회장님 특유의 짧고 단호한 만류였다.

| KBS신년특집 종합상사 좌담회에 참석하다

1977년 KBS TV 신년 특집 "새해를 여는 종합상사의 수출 역군들"을 소개하는 좌담회에 현대, 삼성, 대우 이렇게 굴지의 종합상사가 초대되었다. 그중 대우그룹 대표로 참석한 나는 서른한 살이었다. 참석자 중 가장 젊은 나이였지만 기가 죽을 것도 꿀릴 것도 없었다. 대우의 야망은 나의 야망이었고, 대우의 포부는 나의 포부였다. 나는 확고했고 뚜렷했고 단호했고 신념이 있었다. 당시의 대우처럼.

당시 한국은 중화학공업, 기계산업 등의 기술이나 국제 경쟁력이 미진해서 수출 시장 개척이 쉽지 않았다. 그럼에도 종합상사들이 어떻게 새해를 준비하고 새해 수출 목표를 달성할 것인가에 대한 포부와 각오를 시청자들에게 보여주는 자리였다.

"라면에서 미사일까지 팔 수 있는 것은 다 판다!" 해외 시장 개척을 위해 만든 종합 무역 상사는 수출 100억 불 달성의 일등공신이었다. 처음 목표를 세웠을 때만 해도 3대 웃음거리로 여겼는데 결국 1977년, 그해 12월 22일 대한민국은 수출 100억 불 목표를 달성했다.

KBS 신년특집 좌담회 출연 장면

남들 같으면 비서실에 들어가려고 열심을 낼 텐데 나는 오히려 힘든 영업부로 가려고 하니 이상해 보이기도 했을 것이다.

그 후에도 기회를 틈타 회장님께 두 번이나 더 간청을 드렸다. 인생의 변곡점이었다. 나는 핸들 방향을 오랫동안 품어왔던 나의 꿈을 향하여 돌리고 있는 것이었다.

안정과 위험. 편안과 불안을 불사한 도전. 회장님의 총애를 받을 수 있는 비서실과 밤낮없이 세계 곳곳으로 발품을 팔며 뛰어다녀야 하는 역경의 영업부….

나는 맨땅에 헤딩해야 하는 척박한 허허벌판 쪽을 택했다. 내가 발을 디뎌야 할 곳은 안락한 비서실이 아니라 세계를 향한 영업의 불모지였다. 나의 굳은 의지를 눈치채신 것일까. 마침내 어렵사리 회장님 승낙이 떨어졌다.

호된 신고식

본사 영업부의 일은 나에게 꼭 맞는 옷과 같았다. 바이어들의 방문이 줄을 이으니 그만큼 업무도 늘어났다. 그즈음 수출 역군의 업무는 숨돌릴 틈조차 없을 만큼 타이트했지만 모두 자부심 하나로 일했다. 세계 각국에서 찾아온 바이어들을 만나 눈치싸움을 하면서 어떡하든 상대방을 설득시키고 감동시켜 계약을 성사시켜야만 했다. 매번 진땀나는 일이었지만 나는 누구보다 그 일을 즐기고 있었다.

나의 첫 해외 출장지는 마닐라였다.
"인쇄용지를 팔아라."
예고도 없이 불시에, 부서장이 내린 출장 지시였다. H 제지공장과 선물 계약으로 팔아야 할 인쇄용지 수출 건으로, 혼자 동남아 시장에 가서 어떡하든 팔고 오라는 것이다. 당시 마닐라는 한국 종합상사 지점이 하나도 없는 불모지였다. 그런데 이제껏 수출한 적 없는 국산 인쇄용지를 팔라니…. 영업을 위한 그 어떤 시장 정보나 연락처도 없었다. 내 손에 쥐여준 것은 인쇄용지 샘플과 비행기표뿐이었다.

이 무모한 지시는 비서실에서 수출부로 옮긴 신참에게 주는 일종의 호된 신고식이 아니었을까? 편하게 비서실 근무만 하다 왔으니 영업부서가 얼마나 힘든지 직접 가서 고생 좀 하면서 체험해 보라는 의미도 깔려 있었으리라. 마치 어미 독수리가 새끼 독수리의 생사를 훈련시키는 것처럼.

마닐라의 고독한 밤

마닐라 공항에 도착했다. 난생처음 타보는 대한항공 국제선이었다. 비행기에서 내리자마자 동남아 특유의 습하고 무더운 공기에 숨이 막혔다. 마치 밀림 한가운데 툭 떨어진 느낌이었다. 도로를 가득 메운 트라이시클의 행렬, 잎이 넓은 야자수들이 늘어선 거리, 귓전을 가득 채우는 낯선 언어들…. 처음 보는 이국적인 풍경, 낯선 이국인들 가운데 나 역시 이방인으로 서 있었다. 그 막막함을 어떻게 표현할 수 있을까….

모든 게 생소한 마닐라 공항에서 물어물어 택시를 타고 간신히 시내 허름한 호텔에 투숙했다. 후덥지근한 호텔방에서도 주변 소음과 독특한 냄새로 적응하기 힘들었다. 창밖에는 폭포수 같은 스콜이 갑자기 쏟아지고 있었다. 앞이 보이지 않을 정도로 쏟아지는 빗줄기는, 앞이 보이지 않는 나의 처지와 똑같았다. 인쇄용지를 팔아라? 누구에게? 어떻게? 아무리 생각해도 방법이 없었다. 대체 무슨 수를 써야 이 낯선 곳에서 현지 바이어들을 만날 수 있단 말인가. 감당할 수 없는 초조함이 밀려왔다.

시간이 갈수록 생각은 실타래처럼 엉켰다. 어떡하든 이 난관을 뚫고 뭔가 보여주고 싶은 오기로 가득 찼지만 거기까지였다. 입안이 바싹 타 들어갔다. 벌러덩 침대에 누웠다. 그렇게 누웠는데 문득 침대 옆 테이블에 놓인 노란색 전화번호부가 눈에 들어왔다.

옐로우 북에서 길을 찾다 1

별 생각 없이 뒤적거리던 나는 눈이 번쩍 뜨였다. 거기엔 업종별, 상호별로 업체 주소와 전화번호가 고스란히 다 들어 있는 게 아닌가! 한국보다 경제적으로 더 발전되어 있던 당시 필리핀은 진작부터 옐로우 페이지 디렉토리(yellow page directory)라는 전화번호부를 사용하고 있었던 것이다.

마치 누군가가 '너, 이거 찾고 있었지?' 하면서 꼭 집어서 알려주는 것 같았다. 그 누군가가 누구인지 몰라도 나의 애타는 심정을 불쌍하게 여겨 기적같이 돕는 것 같았다.

계속 뒤적거리다가 마침내 'paper importer list', 'wholesaler list'를 발견했다. 전혀 기대하지 않았는데 이렇듯 중요한 정보를 접했다는 사실이 너무도 놀랍고 기뻤다. 즉시 해당 업체에 일일이 전화를 걸기 시작했다. 연결되는 곳마다 입이 부르트도록 나를 소개하고 자초지종을 설명했다. 하지만 난관은 끝이 없었다.

필리핀 종이 매매상들은 오래전부터 유럽이나 일본산 용지를 공급하는 거래선들을 확보하고 있었다. 처음 접하는 한국산 용지에 별 관심이 없으므로 약속을 받아낸다는 것 자체가 힘들었다. 그래도 천신만고 끝에 몇 군데 연결이 되었다.

나의 간절하고도 절박한 진심과 열심이 통했던 것일까. 한 곳에서 소위 '평가판 시험 주문'(trial order: 먼저 고객들에게 좋은 조건의 가격을 제시하고, 사용해 보고 좋으면 거래를 하는 방식으로, 반응을 살펴보는 거래)을 받게 되었다.

나는 상담의 시작을 백지 약속어음 정책으로 밀고 나갔다. 내가 가진 지식이나 시장 정보로는 수입구매상을 설득할 수 없음을 알고, 설명 대신 내가 갖고 온 종이 샘플을 보여주었다. "당신들이 일본에서 수입한다는 용지와 비교해 봐라. 우리 제품이 어느 정도라고 생각하는가?" 수입상들은 호락호락하지 않았다. 겉보기에는 큰 차이가 없으나 실제 분석 검사와 인쇄 테스팅을 해보기 전에는 가타부타 이야기할 수 없다는 것이다.

나는 가격, 납기일 등을 질문하면서 그의 대답으로 정보를 파악하고 곧바로 다시 제안했다.

"이미 좋은 일본 업체 공급선이 있는 것은 알지만 우리는 후발 업체이니 우리 제품을 소량이라도 구매해서 테스트해 봐라. 가격과 납기는 가능한 만큼 맞춰주고 품질도 보장한다. 100% 원금 보상이다. 이렇게 소량을 테스트해 보고 향후 거래는 다시 만나서 결정하자. (주)대우라는 한국 굴지의 기업이 보증하겠다."

수입상들은 그제서야 고개를 끄덕였다. 첫 거래 성공이었다. 그 순간 온몸에 전율이 일었다.

"감사합니다!"

누구인지도 모르는 어떤 존재에게 나도 모르게 감사가 튀어나왔다.

영업부에서 나의 담력을 키우려고 맡긴 상식 밖의 테스트였으나, 생각지도 못했던 전화번호부라는 선물로 첫 해외 출장에서 성공적인 물꼬를 틀 수 있었다. 아무리 생각해도 그것은 선물이었다. 눈을 감고 있었는데 누군가 내 손에 선물을 놓고 간 느낌. 누구의 선물이었을까? 혹시 어디선가 나를 지켜보고 계신 어머니의 선물이 아니었는지.

첫 출장에서 100만 불 담력을 얻다!

마닐라에서 고객과의 질문을 통해 배우며 상담 거래에 눈을 뜬 나는 홍콩 시장으로 향했다. 당시 까탈스럽기로 유명했던 흥정의 달인 홍콩 상인과도 '종이 업계의 New Face'라는 말도 안 되는 selling point로 나를 소개하며 거래선을 확보했다. 이렇게 초보 수출 용사의 첫 해외 출장은 만족할 만한 실적을 올리며 필리핀, 홍콩, 방콕, 싱가폴, 쿠알라룸푸르 등으로 연결되었다. 해외 첫 출장에서 기대 이상의 수주 달성은 지금 생각해도 믿기 어려운 실적이었다.

첫 출장을 성공리에 마치고 돌아오자, 대우그룹이 수출에 역점을 두고 있는 중화학 제품 쪽으로 발령이 났다. 새롭게 맡겨진 화학 비료 수출은 더욱 낯선 품목이었다. 당시 비료는 일본 상사들이 동남아 시장을 석권하고 있었는데 그 틈을 비집고 들어간 것이다.

나는 가격과 품질 외에도 '상호 신뢰도'라는 경쟁 외적인 상거래 요소를 적극 활용했다. 그 당시 동남아 국가들은 일 년에 이모작 농산물 대상으로 상대적으로 많은 비료 수입 물량이 필요했고, 수입상들도 대부분 정부 기업체에서 담당하고 있었다. 따라서 정부 관료급을 상대하는 거래이기 때문에 신용과 신뢰의 장기적 미래 관계에 초점을 둔 Relationship build-up이 나의 전략이었다. 생소한 한국산 비료로 일본이 독점하고 있는 동남아 시장을 비집고 들어가는 어려움을 "요시(알겠어, 승인, 승낙이란 의미의 일본어. 결의에 찬 결정을 표현하는 단어로 당시에 많이 사용했다), 한번 해보자"라는 끈기로 발을 딛게 되었다.

그렇게 해서 기존의 유력 수출품이었던 섬유나 봉제보다도 물량이나 금액 면에서 월등한 비료 수출의 장을 열게 된다. 이를 계기로 대우 화학부는 중화학 분야 수출에 엘리트 역할을 감당할 수 있었다. 이런 우리의 활약상에 경쟁사였던 일본 미쓰비시 상사에서 우리 실체를 뒷조사하기도 했다는 후문이 돌기도 했다.

누군가 보고 있다

태국 비료시장 개척을 위해 태국 비료상인들을 한국으로 초청하여 상담을 진행한 일이 있었다. 동남아 최대의 쌀 수출국인 태국의 주 수입원은 일본 상사들이 독점하고 있었다. 그 독점을 기회로 일본 농민보다 몇 배 이상의 비료 가격을 요구하는 등 소위 일본의 갑질에 태국 농민들의 원성이 자자하던 차였다.

"한국 비료는 품질이 뛰어납니다. 비료 생산에 필요한 기술력과 인프라를 갖추고 있는 데다가 다른 나라보다 가격이 저렴합니다. 특히 동남아 지역은 한국이 지리적으로 가까워 배송 시간도 단축됩니다."

태국 바이어들과 밀고 당기며 상담에 열을 올리는데, 나를 유심히 지켜보는 시선이 있었다. 김우중 회장이었다. 해외 영업부로 옮긴 새파란 신참이 영어로 태국 바이어들과 대화하는 것을 지켜보고 계셨던 것이다.

그때의 장면을 마음에 두셨던 것일까. 회장님의 나에 대한 신뢰는 얼마 후 진행될 정기 인사에 결정적 영향력을 끼치게 된다. '저놈은 무엇을 시켜도 해낼 것'이라는 인식이 박힌 것이리라.

영어는
나의 운명

    내가 살던 삼각지는 미 8군이 자리하고 있어 미국인을 대할 기회도 많았고 생활용품 등 미국 물품을 취급하는 곳도 많았다. 학용품도 다양했는데, 1950년대 후반 우리나라 제품과는 비교도 되지 않을 정도로 품질이 우수했다.

    툭하면 심이 부러지는 연필만 쓰다가 지우개 달린 '잠자리표' 노란 미제 연필을 갖게 되었는데 그야말로 신세계였다. '어째서 우리나라는 연필 하나도 제대로 만들지 못할까?' 어린 마음에도 답답한 심정이었다. 전쟁 직후의 절대적 빈곤 사회였으므로 세련되고 풍족한 선진 문물에 대한 동경이 클 수밖에 없었다.

무엇보다 눈길을 끈 것은 미국 원조 물자로 학교 도서관에 끼어들어온 초등학교 교과서였다. 우리가 사용하던 교과서와는 비교할 수 없을 만큼 매끈한 종이에 올 칼라로 선명하게 인쇄된 초등학교 영어 교과서가 그렇게 좋아 보일 수가 없었다.

책더미를 뒤져 영어 교과서를 몇 권 골랐다. 아동용이어서 문장이 길지 않아 학교에서 막 배우기 시작한 나의 짧은 영어 실력으로도 혼자서 충분히 읽고 이해할 수 있었다. 낯선 외국어로 한 문장 한 문장 소리 내어 말하면 마치 내가 저 먼 곳의 어디쯤 가 있는 것 같았다. 책이 너덜너덜해지도록 읽고 또 읽어 외우다시피 했다. 작은 영한사전에 의지하여 혼자 읽고 혼자 이해하며 터득해 가는 즐거움을 어디에 비할 수 있을까!

점점 영어에 흥미가 생겼다. 영어 자체가 나에게는 매혹적인 세상이었다. 그렇게 날이 갈수록 영어에 빠져들면서 점차 영어에 눈을 떠갔다.

어느 일요일에 나는 비원(현재의 창덕궁. 예전에는 비원이라 불렸다) 앞까지 진출했다. 독학으로 마스터한 영어를 실제로 테스트해 보고 싶었다. 외국 사람에게 영어로 말을 걸면 과연 알아들을까?

호기심은 호기심으로 끝나지 않고 휴일에 외국인이 많이 찾는다는 고궁까지 찾아간 것이다. 한참 서성인 끝에 눈에 들어온 젊은 외국 남자에게 무작정 다가갔다.

"Hi, Good Afternoon!"

교복 입은 까까머리 학생이 다짜고짜 말을 걸자 외국인은 놀란 눈치였다. 막상 말은 걸었지만 입안에 침이 마르고 얼굴 근육까지 굳어지는 것 같았다. 하지만 나는 더욱 용기를 냈다.

"I like pen pal you and me. OK? Your address."

이런 식의 브로큰 잉글리쉬였지만 그는 내 의도를 알아차린 것 같았다. 미소와 함께 정확한 발음으로 천천히 대답을 해주었다.

"No problem. I will give you my home address."

나의 회화 수준이 대화할 정도는 아니었지만 마다하지 않고 기꺼이 펜팔 친구가 되어준 사람은 존 쉬란(John Sheeran)이었다. 미군 군속으로 한국에 온 존과의 펜팔은 그렇게 시작되었다.

그때 나는 고등학교 1학년이었다. 당시 학교 영어교육은 문법과 독해 위주여서 회화를 해볼 기회도 없었다. 그런 상황에서 영어 편지를 쓴다는 것은 쉬운 일이 아니었다. 하지만 나는 사전을 무기 삼아 혼자 문장을 만들어냈다. 신통한 것은, 시간이 흐를수록 문장이 길어지고 영문 편지로 자연스레 소통이 되는 것이었다.

그렇게 존과 이어오던 펜팔은 내가 대학에 입학한 후 서서히 소원해지더니, 결국 그 연결의 끈을 놓치게 되었다. 가끔 그 시절 오갔던 빛바랜 영문 편지를 꺼내 읽노라면, 당시의 나 자신이 새삼 대견하다는 생각을 지울 수 없다.

마음이 가면 정성이 되고 정성이 쌓이면 이루어진다고 했던가. 그렇게 영어를 좋아하고 열정을 내다보니 혼자 끙끙대며 독학으로 쌓은 영어 실력은 후일 회사에서 이정표 역할을 했다. 회사 무역팀 출장과 해외 근무로 세계를 돌며 꿈을 이루어 가는 발판이 되었던 것이다.

| 다시 만난 펜팔 친구

코로나 펜데믹으로 집에만 머물고 있을 때였다. 옛날 물건을 정리하다 펜팔 편지가 담겨있는 편지통을 발견했다. 감개가 무량했다. 대학 진학을 놓고 고민하던 나에게 존이 보낸 답장도 있었다. 대학에는 꼭 가야 하고 열심히 공부해야 한다는 격려가 가득한 편지였다.

그때 오갔던 편지를 꺼내 읽으니 마치 추억의 타임머신을 타고 60년 전, 18살의 나로 돌아간 듯했다. 가난한 나라 한국에 사는 네 살이나 어린 나를, 바쁜 중에도 마다하지 않고 기꺼이 펜팔 친구로 삼아주었던 존. 나의 서툰 영문 편지에 정성껏 답장해준 그의 친절이 빛바랜 편지지에 고스란히 남아 있었다. 존의 신실함에 깊은 감사가 저절로 우러나왔다.

오래전 기억이 새록새록 떠오르면서 그동안 무심했던 나를 자책하지 않을 수 없었다. 존은 어떻게 지내는지 정말 궁금했다. 내가 이렇게 미국에 와서 살고 있는 것을 알면 얼마나 놀랄까! 예전 주소로 연락해 보았으나 이사를 갔는지 허사였다. 그러나 나에게는 시간적 여유와 거대한 정보의 바다, 인터넷이 있었다.

'John Sheeran'을 구글링했다. 같은 이름이 여러 명 떴다. 이름으로 시작해서 그의 옛 주소, 그의 나이, 미군으로 군복무 등 관련 사항들로 좁혀 들어갔다. 몇 시간 노력한 끝에 수많은 목록 중에서 드디어 그의 새로운 주소를 찾아낼 수 있었다. 존은 미 동부 뉴저지주에 살고 있었다. 그렇게 해서 60년 만에 다시 존에게 편지를 보냈다.

내 편지를 받아본 그는 너무 놀랐고, 그 편지를 온 가족이 돌려보며 믿을 수 없어 했다고 한다. 이십 대 초반에 편지를 주고받은 지 60년 만에 다시 연락이 되어 편지를 받았으니 그럴 만도 했다. 그렇게 해서 코로나 이후 몇 달에 한두 통씩 편지를 주고받는 펜팔이 다시 이어지게 되었다. 기적 같은 일이었다.

사람들은 살면서 저마다 배낭을 짊어진다. 인생 배낭이다. 그 안에 무엇을 담는지는 각자의 몫이다. 나 역시 내 필요에 따라 내 노력으로 이런저런 것을 담았다. 그러나 때

> 로는 내가 생각지도 못했던 것들이 담길 때가 있다. 그것들도 운명적으로 내 인생의 아름답고 귀중한 추억이요 감동이 되었다. 존은 내 인생 배낭에 담긴 소중한 존재였다.

John과 60년 만의 재회(Reunion)
만남의 소중한 인연 길

이렇게 다시 존과 편지가 오가던 중 그의 건강 상태가 좋지 않다는 소식을 들었다. 그의 나이도 어느새 80을 넘어가고 있었고 4살 아래인 나 또한 지난 몇 년 동안 암과 심장병으로 힘든 시간을 보낸 터라 직접 만나고 싶은 마음이 간절해졌다.

존은 내 인생 배낭에 담긴 소중한 존재 중 한 사람이다. 그 당시(1960년대 후반)는 해외 펜팔이 한창 유행이었다. 어떻게 인연이 닿아 편지를 주고받더라도 바쁜 현실에 직면하면서 대부분 몇 번 오가지 않아 끝나기 마련인데 존은 달랐다. 아시아의 작은 나라 한국의 한 소년에게 정성을 다하여 격려의 글을 보내준 것이다. 그가 나에게 보여준 인간의 도리, 신실함과 친절을 어떻게 잊을 수 있을까!

 아내와 이런저런 생각 끝에 더 늦기 전에 재회의 기쁨을 갖기로 결정했다. 60년이라는 긴 세월이 흘렀지만 지금이라도 내가 직접 가서 얼굴을 맞대고 따뜻한 가슴의 체온을 나누며 감사를 표하고 싶었다.

 올해(2024년)를 넘기고 싶지 않아 동부의 겨울 한파가 오기 전인 10월 마지막 주로 비행기표를 예약했다. 처음에는 존에게 미리 알려주지 않고 재회 하루 전 뉴저지에 도착해 Surprise call을 할 생각이었다. 그러다가 혹시라도 하는 생각으로 마음을 바꾸어 전화로 방문 소식을 알리니 존은 몹시 놀랐다.

 서쪽 끝 캘리포니아에 사는 우리가, 오로지 존 부부를 만나기 위해 그가 살고 있는 미국 동쪽 끝 뉴저지까지 간다고 하니 잘 믿어지지 않는 것 같았다. 나는 그가 사는 집에서 멀지 않은 뉴저지 Monmouth Beach의 한 호텔 식당을 예약하고 그들 부부와 아들, 딸 가족들과 함께 다 같이 만나자고 초대했다.

 10월 말, 나는 아내와 함께 근 6시간의 비행 끝에 뉴욕 JFK 공항에 도착해 약속 장소 부근 호텔에 짐을 풀었다.

 드디어 다음 날 저녁, 재회의 시간이 다가왔다. 우리는 먼저 약속된 식당에 도착하여 가벼운 흥분과 들뜬 마음으로 친구 존과 처음 만나게 되는 그의 가족들을 기다렸다.

 60년 전, 내가 기억하는 존은 비원(현재의 창덕궁) 입구로 들어가고 있었다. 그때 불쑥 나타나 펜팔 친구가 되어달라며 말을 건넨 생면부지 고등학생이었던 나를 기억할 리는 만무했다. 그래도 나는 그때 마음 졸이며 다가가 이야기를 나누면서 보았던 그의 얼굴 인상이 어렴풋이 남아 있어서 가족들과 함께 들어오는 존을 한눈에 알아볼 수 있었다. 벅찬 감격에 벌떡 자리에서 일어나 그에게 다가갔다.

60년 만의 해후였다. 우리는 마치 영화 속 한 장면처럼 한동안 부둥켜안았다. 가슴으로 전해지는 깊은 영혼과의 만남이었다. 이렇게 만날 수도 있다니! 우리가 만나고 있다는 현실이 믿기지 않을 정도였다. 가슴이 뭉클했다. 한 번도 보지 못한 채 지나간 세월

뉴저지 방문 저녁식사

이 무색할 만큼 우리는 마음껏 재회의 기쁨을 나누었다.

우리의 인생길은 수없이 많은 만남과 또 지나쳐간 만남들, 이렇게 엇갈림의 연속이라 말할 수도 있겠다. 우연히 지나쳐간 얼굴들은 어쩔 수 없는 우연의 인연으로 그냥 돌릴 수도 있으나, 모르던 누군가를 새롭게 만나 알게 되는 관계는 우리 삶에서 소중한 기회이며 축복이다.

존이 나에게 준 선한 영향력은 지대하다. 하나님의 은혜로 맺어진 존과의 소중한 인연에 나는 몇 번이고 감사기도를 드렸다.

진정으로 행복한 시간이었다. 우리는 극적인 상봉의 기쁨을 나누며 서로의 가족들을 소개하고 멋진 저녁과 더불어 끝없는 이야기 꽃을 피웠다. 존의 아들과 사위가 60년 만의 재회를 축하하며 건네는 건배 잔을 주고받으며 회포를 나누었다.

John의 선물(동메달)

한국 인사동에서 존을 생각하면서 구입한 한국의 전통 자개 보석함을 선물했더니 너무나 멋진 한국 수공예품이라고 좋아했다. 서로 아무런 사전 이야기가 없었음에도 존 부부는 성경 말씀이 새겨진 "하나님의 전신갑주"(에베소서 6:13-17) 동메달을(사진 참조) 선물로 주어 우리 부부를 깜짝 놀라게 했다. 독실한 천주교 신자인 존은 내가 한동안 병원치료를 받을 때 나를 위해 열심히 특별기도를 해 주었다. 전신갑주 동메달은 병약한 내가 하나님의 전신갑주로 늘 무장해서 영적으로 강건하라는 기원을 담은 선물이었다.

그렇게 화기애애한 저녁이 끝나갈 무렵이었다. 존과 그의 가족들에게 마지막으로 나의 진심을 전하고 싶었다. 나는 그들에게 마음을 담아 말했다.

내가 만난 존, 그들의 아버지요 남편인 그가 얼마나 좋은 사람인지, 그리고 그가 나에게 보여준 신실함과 정성, 그리고 친절을 잊을 수 없었다고. 그래서 꼭 다시 한번 직접 만나 나의 감사를 전할 결심을 했고, 그렇게 해서 남가주 오렌지카운티에서 이곳 뉴저지까지 오게 되었노라고….

나는 자리에서 일어나 존의 손을 잡고 그의 가족에게 말했다.

"당신들의 자랑스러운

John과의 포옹

아버지요, 나의 축복의 친구인 존에게 우리 함께 박수와 건배를 합시다!"

마음 따뜻한 사랑의 박수 속에 그는 나를 포옹하며 감동의 눈물을 흘렸다.

지금 우리는 앞날이 어떻게 변하게 될지 예측 불가능한 세상에 살고 있다. 기술(technology)의 발달로 전자 기능(ChatGPT, AI robots)이 사람의 감정과 이성체계까지 영역을 확장하고 있다. 하지만 가슴 깊은 곳에서 우러나는 감사(Thank you)의 뜻을 표현하는 눈물은 이 세상 그 어떤 기술로도 대신할 수 없는, 하나님의 형상에 불어넣어진 생기의 영만이 가능한 사랑의 표시라고 믿는다.

인생은 수많은 사람과의 만남과 헤어짐의 반복이다. 만남에서 시작해서 죽을 때까지 끊임없는 만남의 연속이다. 좋은 배우자, 친구, 스승…그것이 인연이든 우연이든 또는 필연이든지 누군가를 만나고 알게 됨은 소중하고 또 중요한 인생사라고 나는 믿고 있다.

모든 만남이 좋은 만남으로 끝을 맺으며 감사의 인사를 주고받을 수 있게 되기를 간절히 바란다. 하지만 그렇지 못한 만남이나 헤어짐이 있은들 또 어찌할 것인가. 그런 만남은 관용과 망각 너머로 보내고 아무쪼록 내 마음에 쓴 뿌리 독초로 자리매김하지 않기를 간절히 바랄 뿐이다.

주님과 인격적인 만남으로 나의 인생은 새로운 길을 가게 되었고 많은 사람들에게 사랑의 빚을 많이 졌다. 더 늦지 않게 존과 해후하고 감사를 표할 수 있는 시간을 허락해 주신 하나님 은혜에 감사드린다. 이 생을 떠나가기 전 나의 생전에 은혜가 되어 준 귀한 만남의 분들에게도 "당신 때문에 행복했습니다. 감사합니다"라는 마지막 인사를 드릴 수 있게 되기를 바라며….

2장

테헤란에서 캘리포니아까지

다음 행선지가 한국이 아니라
LA라는 말을 들은 아내는
처음에는 무슨 의미인지 모르는 눈치였다.
어떻게 해서 LA로 발령이 났는지 나도 모르겠다고 했다.
아무 말도 못 하고 한동안 눈시울을 붉히던 아내가
떨리는 목소리로 말했다.
"우리가 LA로 가게 된 것은,
하나님이 당신을 이끌고 가신다는 의미예요."

32세의
테헤란 지점장

　오래전 페르시아라고 불려왔던 이란은 오래된 문명의 발상지 중 하나이며 전통적인 이슬람 국가다. 석유 자본으로 부유했던 팔레비 왕가는 경제개발 우선 정책을 폈다. 유럽 선진국들의 투자는 물론 우리나라와도 좋은 관계를 유지했다. 강남구에 테헤란로가 생길 정도였다. 이는 1977년, 서울 시장과 테헤란 시장이 도로명 교환에 합의한 결과였다.

　대우그룹은 1975년 테헤란에 지사를 설립하고 이란 시장에 공을 들여왔다. 김우중 회장이 이란의 팔레비 왕가와 손이 닿아 이란에 전국 철도망 건설이라는 큰 프로젝트를 추진하고 있었다. 그즈음 정기 인사 발표가 있었다.

'이란 테헤란 지점장 황윤석'

믿기지 않았다. 불과 서른두 살에 본사 영업팀에서 테헤란 지점장으로 발령받은 것이다. 정기 인사 명단을 몇 번이나 확인했다. 놀랄 만큼 파격적인 인사는 김우중 회장의 신뢰에서 비롯되었다는 것을 나는 알고 있었다. 신혼집까지 물려주시며 눈에 띄지 않게 배려해 주시던 회장님의 마음. 나는 주먹을 불끈 쥐었다. 최선을 다하자. 언제나 그렇듯 나의 최선은 나를 신뢰하는 사람을 향한 감사의 표시였다.

페르시아 상인들 사이에서

1978년 5월. 아내와 다섯 살 딸, 세 살 아들을 이끌고 김포공항 활주로를 날아올랐다. 고등학교 시절 도서실 골방에서 숙식하면서 가슴에 품었던 세계를 향한 첫 게이트가 내 앞에 열리는 순간이었다.

유라시아 대륙 남서부에 자리잡은 이란은 전통적으로 회교 국가였지만 당시 팔레비 왕가의 개방 정책에 따라 경제적이나 종교적으로 개방적이었다. 특히 테헤란 사람들의 옷차림이나 쇼핑몰, 거리 분위기는 프랑스 파리를 방불케 했다. 나와 가족은 그러한 낯선 환경과 문화와 언어와 관습을 하나하나 부딪치며 적응해 가고 있었다.

나에게 주어진 '수출시장 개척'이라는 큰 과제를 풀어가느라 더욱 바쁜 시간을 보내게 되었지만 어린 시절 품었던 꿈을 펼쳐가고 있다는 사실에 하루하루가 행복했다.

예로부터 상인들 사이에 주고받는 농담 같은 진담이 있다. 유대 상인, 인도 상인, 페르시아 상인, 중국 상인이 자주 도마에 오르내리는데 매우 저돌적이라는 특징이 있다. 페르시아 검(劍)이 이를 잘 대변한다. 페르시아 상인, 즉 이란 상인들과 거래하려면 그들의 비즈니스 문화를 잘 이해해야 한다. 우리 상식으로 이해하기 힘든 부분도 있기 때문이다.

| 너 하나 죽이는 건 일도 아니다!

이란에 온 지 얼마 되지 않았을 때 한국 재봉틀을 독점 수입해 오던 테헤란 업체를 방문했다. 수입 독점권을 유지하려면 일정 물량을 채워야 한다는 본사의 지시를 전하기 위해서였다. 프런트에서 약속을 확인하고 사장실로 들어갔는데 마치 궁전에 온 듯했다. 특유의 거대하고 화려한 실내에 위압감을 느낄 정도였다.

나는 한껏 예를 갖추어 방문한 이유를 설명했다. 그런데 '독점권을 잃을 수도 있다'는 대목에서 사장의 얼굴색이 확

변했다. '뭔가 잘못되었구나' 하고 알아차리기도 전에 그는 서랍에서 무언가 꺼내 들었다. 권총이었다. 헉. 너무 놀라 숨이 막혔다. 사장은 내 얼굴에 바싹 권총을 겨누었다.

"너 죽고 싶어? 너 하나 죽이는 것은 일도 아니야. 내 앞에서 당장 꺼져!"

순식간의 일이었다. 혼비백산한 나는 급히 그 자리를 피해 빠져나왔다. 나중에 보니 온몸이 땀으로 흥건했다. 당시 이란의 치안 상태를 감안하면 신출내기 아시안 젊은 청년 하나를 어떻게 처리하는 것은 문제도 아니었으니 지금 생각해도 아찔한 순간이었다.

혼돈의 이란

시간이 흐를수록 이란의 정치 상황은 예기치 않은 방향으로 흘러갔다. 팔레비 왕가의 실정과 만연한 부패로 이슬람 근본주의자 호메이니를 위시한 혁명의 조짐이 점차 확산되기 시작한 것이다.

겨울에 접어들면서 호메이니가 이끄는 이슬람 원칙 강경파들은 매일 거리로 쏟아져 나와 팔레비 저항 운동을 계속했다. 파업과 시위가 격렬해지면서 도시는 연일 최루탄 터지는 소리와 자욱

한 연기로 가득했다.

12월이 되자 사태는 더욱 심각해졌고 점점 커지는 반외국인 구호 속에 외국인들은 신변의 위험까지 느끼게 되었다. 하루하루 가슴을 졸이고 있던 중 때마침 서울 본사로부터 조속히 귀국하라는 긴급 지시가 떨어졌다. 이미 많은 외국 주재원이 사태의 긴급성을 알고 출국을 감행하다 보니 비행기표를 구하는 것 자체가 불가능했다. 어찌어찌 가까스로 표를 구했지만 좌석이 없었다. 항공기 결항이 잦아지는 등 비상사태 속 아수라장이 계속되었다. 테헤란은 무정부 상태의 혼돈, 그 자체였다.

보통 해외지사로 발령이 나면 적어도 3년은 머물러야 한다는 기본 룰도 있고, 나는 5월에 테헤란에 와서 고작 반년 남짓 지났을 뿐이었다. 하루하루 초조함 속에서 위기의 나날이 흘러갔다.

공항 폐쇄 전날, 필사의 탈출

다행히 천신만고 끝에 테헤란 공항이 폐쇄되기 하루 전날, 극적으로 탈출했다. 성탄절을 며칠 앞둔 어느 날이었다. 정말이지 신의 도움이라고밖에 할 말이 없었다. 첫 해외 생활이어서 기대가 컸다. 가구도 침대도 새로 들이고 집도 잘 꾸며놓고 자동차까지 샀는데 그 모든 것을 포기하고 아내와 아이 둘과 몸만 간신히 빠져나왔다. 부임 6개월 만에 서류 가방 하나 달랑 들고 아수라장이 된 탈출 인파 속에서 겨우 출국하게 된 것이다.

　세계로의 도약을 꿈꾸던 나의 첫 해외 여정은 권총의 위협과 이슬람 원리주의자들의 혁명으로 너무도 빨리, 너무도 허무하게 끝나고 말았다. 우리가 탈출한 지 불과 며칠 후인 1979년 1월, 팔레비 국왕은 망명하고 호메이니가 최고 지도자로 군림했다.

　마치 피난길 같았던 테헤란의 마지막 날은 아득히 먼 나의 또 다른 기억을 떠올리게 했다. 나에게도 피난길이 있었다.

흙담길의
소 치는 목동

길 위에서

　길에 대한 첫 기억은 두려움에 가득 찬 피난길이었다. 곤히 잠자던 나를 깨우던 부모님의 다급한 외침…영문도 모른 채 놀라 깨어난 삼 형제는 피난 보따리를 이고 진 부모님을 따라 집을 나섰다. 귀를 찢는 듯한 사이렌 소리와 함께 번쩍거리는 섬광과 땅을 흔드는 포성이 끊임없이 울렸다. 나는 어머니의 손을 꼭 붙잡고 불안과 공포로 가득 찬 피난민 행렬에 끼어들었다. 해방 이듬해 서울 서대문에서 삼 형제 중 둘째로 태어난 나는 겨우 다섯 살이었다.

길은 북새통이었다. 가족을 잃어버렸는지 애타게 이름을 부르며 뛰어다니는 사람, 울음을 터뜨리는 아이들, 경적을 울리며 인파를 뚫고 나아가는 삼륜차들이 길에 엉켜 있었다. 무작정 남쪽으로 걸었다. 정해진 길이 있는 것도 아니었다. 도망치듯 걸음을 옮기는 길 위의 사람들은 모두 죽음의 미로 속으로 내몰리는 처절한 모습이었다.

피난길에도 돈 있는 사람들은 젊은 사람을 고용하여 애를 업고 가게 했다. 가물거리는 기억 속의 나도 누군가의 등에 업혔다. 온몸에 열이 나서 걸을 수 없게 된 것이다. 의사를 수소문하던 끝에 침을 놓을 줄 안다는 누군가가 나섰다. 소독도 하지 않은 대침이 몸 여기저기에 꽂혔다. 그 침이 신경을 건드렸는지 오른쪽 다리에 심한 후유증이 남았다. 그로 인한 불편은 없었지만 전쟁의 후유증은 내 몸에도 그렇게 흔적을 남겼다.

전쟁의 상처는 우리 민족 가슴속에 남아 있다. 내 가슴속에도. 그것이 상처라는 것을 미처 인식하기 전인 아주 어릴 때부터. 어쩌면 내게는 상실과 단절의 의미가 더 크리라. 우리는 땅 끄트머리 황톳길, 피난길을 계속 걸어갔다. 김포 고모집을 향하여.

외발 손수레 속 어머니

피난을 떠나온 지 몇 달이나 되었을까, 어머니의 기침 소리가 심상치 않았다. 피난 보따리에서 내다 팔 만한 것들을 좌판 위에 펼쳐 파셨다. 피난길에 제대로 드시지도 못한 채 무거운 짐보따리를 이고 걸으면서 철없이 매달리는 사내아이들을 번갈아 업고 챙기느라 어머니는 정작 자신의 건강을 돌보실 수 없었다. 흐릿한 기억 속 어머니는 입 안에 혹 같은 것이 생긴 것 같다. 음식은커녕 침도 못 삼키셨다. 어머니는 결국 탈진 상태로 몸져누웠고 다음 날도 깨어나지 못하셨다.

아버지는 어머니를 등에 업고 다급히 외치며 동네를 뛰어다니셨다.

"의사, 의사 어디 없습니까?"

읍내로 가는 버스를 겨우 세워 잡고, 어머니를 들쳐업고 뛰었다. 우리 삼 형제는 아버지가 어머니를 업고 버스를 타는 모습을 지켜보았다. '의사를 찾아 읍내나 도시로 가시나 보다.' 그렇게 생각했다.

어스름한 땅거미가 내릴 무렵, 아버지는 작은 손수레를 끌고 집으로 돌아오셨다. 손수레에는 하얀 천을 머리까지 덮어쓰고 누운 어머니가 계셨다. 읍내로 가는 버스 안에서 어머니는 아버지 품에 기대어 끝내 숨을 거두신 것이다. 채 서른도 되지 않은 나이였다.

겨우 다섯 살이었던 나는 이 모든 것이 무엇을 의미하는지 알지 못했다. 어머니가 죽었다고 하는데 죽음이 무엇인지 모르니 눈물도 나지 않았고 슬픔도 느낄 수 없었다. 형과 동생도 마찬가지였다. 삼 형제는 그저 멍하니 서 있었을 뿐이다. 흰 천을 덮고 누워 계신 어머니의 실루엣, 그것이 어머니에 대한 마지막 기억이다.

> | 사과
>
> 어머니의 모습과 함께 너무도 또렷하게 떠오르는 장면이 하나 있다. 창호지를 바른 방문 앞 선반에 놓여 있던, 반쯤 먹다 남긴 사과. 아무것도 드시지 못하는 어머니를 위하여 아버지가 어디선가 용케 구해 온 사과였다. 하지만 어머니는 그 사과조차 다 드실 수 없었다. 반쯤 먹다 남긴 사과. 무심코 보았던 사과가 평생 내 마음을 울리는 어머님의 잔영처럼 이렇게 오래 남아 있게 될 줄 몰랐다.

어미 잃은 아기 참새처럼

다섯 살 철부지 인생은 둘로 나누어졌다. 어머니가 함께 있던 세상, 그리고 어머니가 없는 세상. 죽음이 무엇을 뜻하는지는 몰랐지만 다시는 어머니 치마저고리에 얼굴을 묻고 응석을 부릴 수 없게 되었다는 것은 알았다.

"엄마, 이게 뭐야? 저건 어떻게 해?"

응석을 부리며 묻고 싶은데 대답해 줄 어머니가 없었다.

"우리 윤석이는 이담에 커서 뭐가 되고 싶어?"

다정하게 머리를 쓰다듬는 어머니의 목소리도 더 이상 들을 수 없었다. 이상했다. 엊그제까지 분명 내 옆에 계셨는데 왜 보이지 않을까? 어머니는 어디로 가셨을까?

그때 나의 모습은 전깃줄 위에 홀로 앉아있는 어미 잃은 아기 참새를 닮지 않았을까? 만일 절대적인 어떤 존재가 있다면 어떤 눈으로 이 아이를 바라보았을까? 바라볼 때의 마음은 어땠을까?

어머니가 그렇게 떠나가신 후, 아버지는 졸지에 아들 삼 형제를 책임지셔야 했다. 어머니나 아버지나, 채 서른이 안 된 젊디젊은 나이였다. 흰 천에 덮여 있는 어머니 앞에서 소리조차 내지 못하고 숨죽이며 흐느끼던 아버지. 아버지는 마음이 따뜻한 분이셨다. 아내를 먼저 떠나보낸 아버지는 넋을 잃은 듯, 마치 껍데기만 남은 사람처럼 사셨다. 점점 말이 없어지더니 우리 삼 형제에게 그 어떤 훈계도, 칭찬도 하지 않으셨다. 아내를 잃은 마음의 상처가 아버지의 입을 닫아버린 것이다. 그 상처와 트라우마는 아버지가 세상을 떠날 때까지 깊게 박혀 있었다.

| 평생 지니고 계셨던 어머님에 대한 사랑

아버지께서 돌아가시기 얼마 전, 알츠하이머 증세가 나타났다. 인지 기능도 많이 떨어지시고 망상, 환각 증세도 간혹 보이셨던 것 같다. 그러던 어느 날이었다. 일찍 일어나신 아버지께서 장롱 문을 활짝 열어 젖히더니 이것저것 꺼내기 시작하셨다. 마치 그 옛날 피난 짐을 싸는 것처럼 그렇게 주섬주섬 보따리에 담는 것이었다.

"아버지, 대체 왜 이렇게 짐을 싸시는 거예요?"

놀라서 만류하는 손을 뿌리치며 아버지는 끝없이 같은 말만 되풀이하셨다.

"엄마를 찾으러 가야 해. 엄마를 찾으러 가야 해."

계속 혼잣말을 되뇌는 아버지를 보고 가슴이 철렁 내려앉았다. 전쟁, 그리고 아내의 죽음이 남긴 상처가 그렇게도 깊었다. 어머니가 돌아가신 후, 마치 실어증 환자처럼 말을 잃어버리셨던 아버지. 아버지에게 아내가 없는 세상은 목소리가 사라진 세상이었고, 이야기가 사라진 세상이었다. 한창 나이의 아내가 피난길에 병든 몸으로 당신 품에서 운명한 그 슬픔과 비통함이 얼마나 애잔했으면 60년이 지났는데도 알츠하이머 상황에서 아내를 찾아 나서겠다는 것이었을

> 까? 깊은 상념 속에 어떻게 하면 천국에서 그 아내를 다시 만날 길은 없을까, 하나님께 따지듯 사정사정하다 잠이 들기도 했다. 그 어머님께 나의 사랑을 올려드린다.

소 치는 목동

전쟁이 끝난 후 아버지는 형과 동생을 이끌고 서울 집으로 돌아갔다. 나만 고모 집에 남겨놓은 채였다. 아버지도 어쩔 수 없는 결정이었으리라. 김포 고모 집도 전쟁의 상처가 깊었다. 고모님은 전쟁통에 남편과 젊은 두 아들을 먼저 떠나보냈다. 사촌 누이가 둘이나 있었지만 아버지와 오빠들을 잃은 사춘기 십대들이었다. 저마다의 불안과 두려움만으로도 벅찼을 것이다.

그 큰 집에 여자 셋만 덩그러니 남게 되니 아버지 마음이 편치 않았던 것 같다. 아버지는 다섯 살짜리 나를 남겨놓고, 어둠보다 짙은 그늘을 가슴에 품은 채 서울로 떠났다. 상처와 고통으로 일손을 놓고 있는 고모 옆에서 잔심부름이라도 하면서 거들라는 배려였다.

고모 역시 짙은 그늘이 그림자처럼 몸에 꽉 달라붙어 있었다. 대청마루에 걸린 사진 속의 사촌 형을 보면 어린 내가 보기에도 안타까웠다. 일본 유학까지 마친 두 아들을 잃었으니 나를 보듬을 여력이 없었을 것이다. 나이 차이가 많이 나는 사촌 누이들도 나의 말벗이 되지 못했다. 모두 말이 없었다. 그곳에서 나도 서서히 말을 잃어갔다. 고요한 세상에서 고아와 다를 바 없는 날들이 흘러갔다.

그 와중에 내게 주어진 일이 있었다. 그것은 소를 먹이는 일이었다. 날이 밝으면 겨우 잠을 떨쳐내고 외양간으로 갔다. 큰 눈을 끔뻑이며 덩치 큰 황소 누렁이가 나를 맞았다. 또래들과 집 앞 공터에서 장난이나 할 나이였지만 그럴 수 없었다. 황소를 끌고 매일 근처 동산을 오르내리며 꼴을 먹여야 했다.

황소 누렁이는 만만치 않았다. '황소 고집'이라는 말도 있듯 덩치 큰 황소 누렁이는 내가 이끄는 대로 따라오지 않았고 내가 원하는 대로 움직이지도 않았다. 제 뜻대로 되지 않는다 싶을 때는 뜨거운 콧김으로 위협했고, 때론 뒷발질로 심술도 부렸다. 황소 누렁이는 철부지 여섯 살배기에겐 그야말로 버거운 과업이었고 무거운 현실 그 자체였다.

날마다 소를 끌고 근처 동산을 오르내렸다.
내 몸집보다 몇 배나 더 큰 황소를 끌고 오르는 것은 쉽지 않았다. 고삐를 세게 쥔다고 말을 듣는 것도 아니었다. 잘못하다가 소를 놓칠 수도 있었다. 꼴을 먹이는데 한나절이 훌쩍 지나갔다.

하지만 시간이 지나면서 외양간으로 돌아올 때까지 누렁이와 씨름하며 어떤 선택을 할지 조금씩 알게 되었다. 황소 누렁이와의 관계 속에서 '아! 이렇게 하면 황소가 싫어하는구나. 저렇게 하면 황소가 나를 잘 따르는구나!' 하는 것을 터득하게 되었다.

황소가 당기는 대로 끌려가던 내가 점점 황소와 함께 걷게 되었다. 황소와 보폭과 나의 걸음이 비슷해지면서 서로 겨루지 않고 다닐 수 있게 되었다.

이 경험은 귀중한 자산이 되었다. 예기지 못한 변수를 만날 때 그 현장에서 무엇을 어떻게 대처해야 하는지를 알게 되었고, 내 앞에 맞닥뜨린 문제들을 풀어가는 임기응변적 순발력과 실제적 방식들을 얻었다. 그 경험치가 쌓여가면서 관계와 일 가운데 갈등을 예방하고 문제에 대처하는 방법도 배울 수 있었다.

국제 경쟁력에 못 미치는 가난한 한국 수출 무역 시장에서 소치는 목동의 지혜가 한몫했다. 외국에서 바이어가 오면 어떡하든 거래를 성사시켜야 한다. 특히 바이어가 턱없는 가격을 제시할 때 대다수는 거래를 포기하지만 나는 끝까지 물고 늘어졌다. 그리고 무슨 수를 써서라도 타협점을 찾아내고 말았다. 이 끈기와 지혜는 모두 소를 치면서 터득한 것이다.

철부지 어린애가 낯선 삶의 현장으로 내몰려 지냈던 고독한 2년은 의미 없는 시간이 아니었다. 상실의 기간도 아니었다. 어린 소치기의 일상은 또래 아이들이 결코 얻을 수 없는 귀한 삶의 지혜를 얻게 되었다.

고삐

내 몸보다 큰 누렁이를 다스리려면 고삐를 단단히 쥐어야 한다는 것. 어린 내가 그걸 어떻게 알았을까? 그런데도 누렁이 앞에 서면 이상하게 용기가 생기곤 했다. 아마도 어린 마음속에 누렁이에 대한 믿음이 있기 때문일 것이다.

아버지와 떨어져 있는 동안 고삐 다루는 법을 배웠다. 고삐를 당기거나 좌우로 움직이면 소를 조종할 수 있었다. 방향을 바꿀 때는 오른손에 쥔 고삐를 당겨 왼쪽으로, 왼손에 쥔 고삐를 당겨 오른쪽으로 돌렸다. 아무리 덩치 큰 소라도 고삐만 잘 쥐면 길들일 수 있었다. 어느새 누렁이는 내 유년기를 고스란히 간직한, 어머니가 돌아가신 빈자리를 채워준 유일한 친구가 되었다.

내 생애
첫 불꽃, 야학

집 앞 전봇대에 종이 한 장이 나붙었다. 글자를 모르니 고모님께 여쭤보았다. 한글을 가르쳐 주는 야학이 열렸다는 전단지라고 하셨다. 한글을 가르쳐준다고? 그 순간 나의 마음속에 '이거다!' 하는 강한 충동이 일었다.

또래 아이들은 아침마다 학교로 향하는데 나는 황소 누렁이의 고삐를 잡고 언덕을 향했다. 한 걸음 한 걸음 걸음을 옮길 때마다 마음이 슬픔에 녹아내렸다. 나도 글자를 배우고 싶었고 학교에 다니고 싶었다.

당시 농촌의 야학은 전쟁 후 사회 재건과 문맹 퇴치 운동의 하나였다. 배울 기회를 잃어버린 농촌 여인들에게 배움의 기회를 제공하려는 목적이었다. 어린 나와는 전혀 관계가 없는 곳인데도 그 날 저녁 누이를 졸라 야학에 따라갔다. 한글을 배울 수 있다니 가슴이 두근거렸다.

 첫날 가보니 한글을 배운다며 몇몇 어른들이 앉아 있었다. 무리에 끼어 맨 앞에 자리를 잡고 앉았다. 대부분 졸고 있는데 초롱초롱 눈을 빛내며 글자를 배우고 글자를 익혔다. 글자에 담긴 글의 세계가 그렇게 좋을 수가 없었다.
 매일 밤 늦게까지 동네 아낙네들 틈에 자리잡고 배우는 내가 이상했던지 야학 선생님이 물었다.
 "너는 학교 갈 나이에 왜 여길 오는 거지?"
 난 못 들은 척하고 계속 나갔다. 야학 선생님은 몇 번이나 정색을 했다.
 "넌 여기 오면 안 돼! 학교를 다녀야지!"
 그 정도까지 눈총을 주면 알아듣고 마음이 상해 그만둘 법도 했지만 나는 아랑곳하지 않았다. 몰입과 집중. 나의 막무가내 노력에, 눈치 주던 야학 선생님은 감탄하시고 나중에는 격려를 아끼지 않았다.
 "너 같은 애는 처음 본다. 그래, 계속 배워라."

 어릴 때부터 나에게는 남다른 열정과 고집이 있었다. 어른들이 나에게 놀리듯 하시는 말이 있다.

"저놈은 한번 울기 시작하면 고집이 있어 하루 종일 운다."

다른 애들은 어느 정도 울다가 멈추는데, 나는 내 뜻이 관철될 때까지 계속 운다는 것이다. 이 고집과 집념이 야학에서도 발동된 것이다. 먼 훗날 회사를 창업하고, 키워 나가는 모든 과정에서 이 열정과 집념은 원동력으로 작용했다.

고모님의 전보 한 장

어른들 눈에는 마치 신동이라도 된 것처럼 빨리 한글을 뗀 나는 글 읽는 재미에 푹 빠졌다. 소를 치러 길을 나설 때마다 땅바닥을 주시했다. 읽을거리를 찾는 것이었다. 종이나 신문 등 읽을거리가 귀할 때였다. 길에 버려진 종이에 글씨라도 발견하면 신이 나서 주워 읽었다. 마치 허기진 사람처럼 글자를 찾아다녔다. 이런 나를 지켜보신 고모님은 서울 아버지께 연락을 하셨다.

"윤석이는 공부해야 할 놈이야. 빨리 데려가 학교를 보내게."

고모님의 결단으로 인생의 방향이 완전히 바뀌었다. 야학 사건은 별것 아닌 듯 보였지만 내 인생에 지대한 영향을 미쳤다. 내 환경을 바꾸고 내 운명을 바꾸었다.

야학에 대한 열정은 어머니의 부재로 인한 공허감을 채우기 위한 내 나름의 보상심리가 아니었을까? 어머니의 존재가 절실한데 어머니가 없다. 내가 힘들 때 기댈 수 있고, 가야 할 길을 묻고, 하고픈 말을 할 수 있는 어머니라는 존재가 없다. 절실하고 절박할 때 뭔가를 찾아내고 만들어내지 않던가. 그 절박함과 결핍이 어린 나를 야학으로 이끌었다고 생각한다.

 소를 치던 소년은 아버지와 형제들이 사는 용산 삼각지 집으로 합류하게 되었다. 김포 고모님 댁에 비하면 좁고 불편한 집이었다. 그래도 형제들과 엉겨 붙어 웃고 떠드는 집이 좋았다. 당시 아버지는 재혼하신 상태여서 집안도 안정적으로 자리가 잡혀가고 있었다.
 서울에 올라온 후 나는 여느 아이들처럼 학교에 다니게 되었다. 한글은 야학에서 이미 깨우쳤기에 초등학교 2학년에 편입했다. 드디어 정상적인 학교 생활을 할 수 있게 된 것이다.

두 번째 발령
－카이로, 그리고 출애굽의 역사

　전쟁터 같았던 테헤란을 겨우 탈출하여 한국으로 들어온 나는 본사에 귀임했다. 허탈하고 참담한 심정이었다. 그렇게 6개월이 지났는데 다시 특별 인사 발령을 받게 되었다. 이집트에 새로운 지점을 설립해야 하는 지점장으로 발령받게 된 것이다. 더 이상 해외로 나갈 일은 없을 줄 알았는데 기적 같은 일이었다. 막혔던 꿈의 게이트가 다시 열리는 것일까? 1979년 5월, 이집트 카이로 지사장으로 발령을 받은 나는 다시 가족을 이끌고 이집트로 떠났다.

　당시 대우그룹은 이집트에서 섬유, 봉제 제품을 중심으로, 조선, 경공업 제품 등 다양한 분야에서 사업을 추진하고 있었다. 그러므로 신설된 카이로 지점은 대우그룹 상사의 아프리카 대륙을 향한 미래 해외 사업 확장에 중요한 교두보 역할을 감당할 거점이었다.

이집트 상황은 이란과 사뭇 달랐다. 이집트 역시 이슬람 국가이기는 했으나 개방적이어서 유연한 정치, 경제, 종교, 문화를 표방하고 있었다. 초기 기독교에서 파생된 콥틱(Coptic) 기독교가 공인되어 신앙생활도 가능했다. 이집트 인구의 10% 정도가 기독교 신자였다. 덕분에 아내는 아이들과 함께 한국에서 파송된 선교사가 세운 교회에도 다닐 수 있게 되었다.

이집트 카이로 대학은 중동 지역 국가 유학생들에게 인기가 좋고 규모도 크고 나름대로 자부심도 강해 중동의 하버드 대학이라 부를 정도였다. 하지만 영어권 외국인 자녀들의 교육 환경은 열악했다. 당시 미국 카터 대통령과 이집트의 사다트 대통령, 이스라엘의 베긴 총리가 평화조약을 서명했다. 이렇게 미국의 대이집트 경제 협력이 시작되고 미국의 정부나 단체의 많은 사람들이 카이로로 들어오게 되면서 그들만의 주택 단지와 영어 학교가 세워졌다.

하지만 외국인 학교는 학비가 너무 비쌌고 그렇다고 한국인 학교가 따로 있는 것도 아니었다. 고민하던 아내는 다른 한국인 학부모들과 지혜를 모아 한국인 학교를 세웠다. 옛 대사관 관저의 닭장을 개조하여 임시 학교를 만든 것이다. 마침 직원 아내 중 한 분이 교사여서 임시교사로 세우고 문교부에 교사 파견을 요청했다. 그렇게 해서 파견된 교사 한 분이 학년이 제각각인 아이들의 교육을 감당해야 하는 열악한 환경이었다.

새로운 지점을 설립하고 조속히 지점이 감당해야 할 규모의 실적을 성취해야 한다는 나의 조바심에 비해 이집트 경제 상황과 사회, 문화적 이질 요소들은 녹록지 않았다. 하지만 새롭게 시작하는데 쉬운 게 있을까? 누군가 땀을 흘리고 고생한 대가를 지불해야만 하는 초대 지점장으로 그 몫을 다해 보리라 마음을 다졌다. 한국을 떠나 해외로, 이란을 떠나 애굽 땅으로 우리 가정의 발길을 인도하신 하늘 아버지의 뜻은 무엇일까.

| 인샬라

아랍권과의 비즈니스에서 꼭 알아야 하는 세 단어가 있다. 속칭 IBM이라고도 한다. I는 인샬라, B는 부크라, M은 말리쉬의 약자다. 카이로에 있을 때 일상에서 많이 마주친 단어들이기도 하다.

"인샬라"는 원래 '신의 뜻에 맡긴다'는, 신 앞에서의 겸손을 고백하는 말이지만, 비즈니스에서는 약속에 대해 책임 회피를 할 때도 많이 쓰인다. 돈을 받기 위해 바이어를 방문하면 "인샬라"라는 한마디만 하고 돈은 안 준다. 신의 뜻이니 더 이상 왈가왈부하지 말라는 의미이다.

"부크라"는 '내일'이라는 뜻이다. 하지만 구체적인 내일을 의미하지 않고 단지 '지금은 안 된다'라던가 '다음에'라는 뜻으로 쓰인다. 내일 오면 돈을 주겠다는 의미가 아니라 언젠가는 주겠다는 의미이다.

"말리쉬"는 '괜찮아', '문제없어'라는 뜻이다. '별 큰일도 아닌데 뭐 이런 것을 갖고 문제를 삼아'라는 정도의 편리한 양해(excuse)의 말이다. 다만 주의할 것은 정말 문제가 없는지, 아니면 일단 상황을 피하고 보자는 것인지를 잘 헤아릴 필요가 있다.

이집트는 가난한 사회주의 국가였지만 적어도 국민의 손에 먹을 빵만큼은 쥐여 주는 나라였다. 정부에서 밀가루를 수입해서 국민에게 싼 값에 배포한다. 그러니 가난한 사람도 빵은 먹을 수 있다. 그래서인지 국민성 또한 한국인들과 사뭇 달랐다. 매사에 해도 좋고 안 해도 좋다는 식이다.

이집트에서 겪은 일화 한 가지를 소개한다. 어느 날 택시를 탔는데 택시 기사가 카이로 대학을 나왔다고 하는 것이다. 사무실을 만들면서 현지 직원을 채용하던 중이어서 혹시 운전기사를 할 생각이 없냐고 했더니 곧바로 사무실로 찾아왔다.

그를 운전기사로 채용했다. 하지만 온종일 운전만 하는 건 아니므로 시간이 많이 비길래 사무실 일도 배우면 어떻겠느냐고 제안했다. 그렇게 하면 월급을 더 받게 되니 본인에게 좋지 않을까 하는 생각에서였다.

"사무 일을 배워봐. 그러면 월급도 더 줄 테니."

나는 운전기사와 마주칠 때마다 이렇게 권했다. 그러던 어느 날 온다간다 말도 없이 그가 사라져 버렸다. 무슨 영문인지 몰랐으나, 곰곰 생각하니 이해가 되었다. 내 딴에는 좋은 뜻으로 그의 장래를 위해 했던 말이 그에겐 낮잠(시에스타)을 즐길 자유를 방해받는 것으로 생각해 스트레스가 되었던 것이다.

사랑은
오래 참고

　카이로에서는 테헤란에 있을 때보다 더욱 분주했다. 신규 지점 개설이라는 막중한 책임 때문에 매일매일 워커홀릭처럼 일했다. 다시 얻게 된 꿈을 이루는 기회라고 생각했으므로 힘든 줄도 몰랐다. 투철한 직업정신으로 맡겨진 일에 최선을 다하려고 회사 일에 혼신의 힘을 다했다. 어떻게 생각하면 그 엄청난 격무를 오히려 즐겼다고 할 수 있었다. 하지만 아내는 달랐다.

아내의 첫 번째 고백

혼돈하고 공허하며 어둠이 깊은 나날

남편은 바빴어요. 지점을 새로 개설하는 일을 셋업하느라 눈코 뜰 새 없었죠. 남편은 하는 일이 힘들고 바쁘니까 나와 대화한다거나 도와줄 시간도, 마음의 여유도 없었어요. 나는 낯선 땅에서 혼자였습니다. 그렇게 1년쯤 지나고 나니 완전 탈진 상태가 온 거예요. 마치 창세기 1장 2절 같은 시간이었습니다. '땅이 혼돈하고 공허하며 흑암이 깊음 위에 있고…' 나의 상태가 바로 그랬어요. 우울증과 불면증으로 밤에 잠을 잘 수 없었죠. 밤에 한숨도 못 잤는데 낮에도 졸리지 않았어요. 그렇게 한 사흘 지나니까 죽을 것 같았어요. 그때가 내 생애에서 가장 힘든 시기였습니다.

하지만 남편은 이해하지 못했어요. 고생 한 번 안 시켰는데 대체 왜 그러느냐는 거죠. 남편은 어릴 때부터 갖가지 어려움을 헤쳐가며 살았기에 역경을 헤쳐 나가는 힘이 있었습니다. 하지만 별 어려움 없이 평탄하게 살아온 나는 카이로 생활을 견뎌낼 힘이 없었던 거예요. 나는 삶의 즐거움을 잃어버린 채 우울증과 불면증으로 나날이 야위어 갔습니다.

너무 힘들어하는 걸 보다 못한 남편이 여름방학 동안 아이들과 함께 뉴욕에 살고 있는 언니에게 보내주었어요. 언니 집에 가보니 카이로와는 비교도 할 수 없을 만큼 너무도 잘살고 있는 거예요. 사업도 잘되고 쾌적한 환경에 풍요롭게 사는데 믿음까지 좋은 언니는 행복한 인생을 누리고 있었어요. 카이로에 돌아오자 치유는커녕 마음이 더 힘들어졌습니다. 모든 것이 부족하고 열악한 카이로에서 상대적 결핍이 더 심해진 것이겠죠.

1년이 지나도 나의 상태가 나아질 기미가 없자 다시 뉴욕으로 보내주었습니다. 카이로에 있다가 언니 집으로 가니 마치 지옥에서 천국으로 간 듯한 기분이 들었어요. 믿음 좋은 언니는 기도하면 된다고, 기도하면 하나님이 다 이끌어 주신다고 나를 다독였어요. 다시 이집트로 돌아오는 길에 놀라운 일이 벌어졌습니다.

사랑은 오래 참고 모든 것을 견디느니라

비행기 안에서 답답하고 무거운 마음으로 앉아 있는데, 문득 기도하면 된다는 언니의 말이 떠올랐어요. 그래서 눈을 감고 기도를 시작했습니다. 그런데 갑자기 성경 구절이 떠오르는 거예요. 고린도전서 13장 4절부터 7절까지 말씀이 한 자 한 자 또렷하게 떠올랐습니다.

"사랑은 오래 참고 사랑은 온유하며 시기하지 아니하며 사랑은 자랑하지 아니하며 교만하지 아니하며 무례히 행하지 아니하며 자기의 유익을 구하지 아니하며 성내지 아니하며 악한 것을 생각하지 아니하며 불의를 기뻐하지 아니하며 진리와 함께 기뻐하고 모든 것을 참으며 모든 것을 믿으며 모든 것을 바라며 모든 것을 견디느니라"(고린도전서 13:4~7).

바로 그 순간, 마음에 어떤 강한 충격이 왔습니다. 빈 들에 마른풀처럼 시들었던 나의 영혼에 무엇인가 환하고 밝은 빛이 쏟아지는 것 같았어요. 아, 정말 한순간에 깨달았습니다. '하나님이 살아 계시는구나. 하나님이 나에게 말씀하시는구나…. 내가 이제껏 생각한 사랑은 인간적으로 주고받는 것이었는데 진짜 사랑은 그게 아니구나. 하나님이 원하시는 사랑은 오래 참는 것이고 온유한 것이고 모든 것을 참는 것이고 모든 것을 견디는 것이구나.' 이런 자각이 온 거예요.

그때부터 마음이 평안해졌습니다. 그런 걸 보고 개안했다고 해야 하는 건지, 회개라고 하는 건지 잘 모르겠어요. 하지만 그때 나는 결심했습니다. 이제부터는 이 말씀을 나의 삶에 실천하겠다고.

하나님의 그 사랑을 받아서 사람들에게 나누어 주는 삶을 살아야겠다고.

이전 것은 지나갔으니 보라, 새것이 되었도다

그 후 나는 이전과 다른 사람이 되었습니다. 전에는 얼굴도 제대로 볼 수 없을 정도로 바쁘게 뛰어다니는 남편이 야속했어요. 밤늦게 집에 들어온 남편을 위해 한밤중에 밥상을 차리면서 좋은 마음이 아니었죠. 그런데 그 마음이 변했습니다. 모든 게 감사했어요. 나를 붙들고 있던 말씀을 늘 마음속으로 되뇌고 있었거든요. 나는 무례히 행치 않고, 나는 자기 유익을 구하지 아니하고, 나는 모든 것을 견디고….

남편이 늦게 들어와 식탁에 앉을 때도 정성으로 식사를 준비하고 정갈하게 식탁을 차려놓고 진심으로 예의를 다하여 받들게 되었습니다. 전혀 힘들지 않았어요. 교회에서도 목사님과 전도사님의 알력 때문에 마음 고생이 심했는데 그것 역시 단번에 해결해 주셨어요. 모든 걸 믿음의 눈으로 보게 된 거죠. 나는 지금도 자신 있게 말할 수 있습니다. 그때 하나님이 나를 그 깊은 수렁에서 구원해 주셨다고….

나의 인생길
엑소더스

내 인생에 몇 번의 엑소더스가 있었다. 한국 전쟁 때 고모 댁으로 피난 간 것이 최초의 엑소더스였다. 고모 댁에서 소 치는 목동으로 살다가 서울 가족의 품으로 오게 된 것이 두 번째 엑소더스, 첫번째 직장이었던 D해상보험에서 대우그룹으로 입사하게 된 것이 세 번째 엑소더스였다.

그 후에도 크고 작은 엑소더스가 이어졌다. 한국에서 이란으로, 이란에서 이집트로. 그 모든 상황은 내 의지가 아니었다. 운명적인 상황과 우연한 만남은 매번 내 인생의 변곡점이 되고 랜드마크가 되었다. 운명과 우연은 어느 면에서는 닮아 있었다. 그것은 나의 힘으로 될 수 없다는 것, 바로 그것이다.

누구나 살다 보면 인생의 흐름이 바뀌는 순간을 체험한다. 취직을 하거나 이직을 하는 것, 이별하거나 사별하는 것, 새 생명과 새 가족을 맞이하거나 헤어지는 것…. 대부분의 사건은 우리의 통제력에서 벗어나 있다. 인간의 의지로 할 수 없는 영역이 존재한다는 것을 안다는 것과 실제적으로 느낀다는 것은 차이가 있었다.

두 번째 엑소더스부터 나의 기질과 특성이 하나씩 드러나게 된다. 고모 집에서 서울 삼각지로 돌아와 가족과 합류한 후 나는 몰라보게 달라졌다. 침묵 속에서 배운 의연함과 주체적인 생각들이 나를 자신감 있는 소년으로 만들어 준 것은 아닐까.

꿈의 길-나의 학창 시절

초등학교 3학년부터는 홈룸(HR: homeroom) 시간이 있었다. 학급 내 학생 자치 활동 같은 것이다. 선생님이 주제 하나를 정해주고 토론을 하게 했다. 아이들이 장난삼아 돌멩이를 던지다 전깃줄이 끊어지기라도 하면 정전이 되는데 어떻게 하면 막을 수 있는지가 토론 주제였다.

토론이라는 것 자체가 익숙하지 않던 시대였다. 모두 꿀 먹은 벙어리처럼 눈만 끔뻑끔뻑하고 있는데 손을 번쩍 든 아이는 나 밖에 없었다.

"전기는 정말 중요합니다. 캄캄할 때 전기가 없으면 우리는 아무것도 할 수 없습니다. 책도 볼 수 없습니다. 전봇대 공사를 하려면 얼마나 힘들까요! 그런데도 우리가 참새를 잡는다고 돌멩이를 던지는 것은 위험한 장난입니다."

나의 의견 발표에 선생님도 놀라고 아이들도 놀라 웅성거렸다. 나는 의사 표현이 뚜렷했고 정확하게 말하는 법을 알았다. 후에도 이와 비슷한 일들이 계속 일어났다. 그때마다 선생님이 나를 주시하고 계셨다.

선생님은 내가 반장감으로 적합하다고 생각했지만 그때나 지금이나 학부모의 역할과 도움이 큰 영향을 준다. 이런저런 이유로 반장은 하지 못했으나 대신 규율부장을 시켰다. 규율부장은 두 줄이 그어진 완장을 찼다. 쉬는 시간마다 돌아다니며 다른 애를 못살게 구는 아이, 말썽을 부리는 아이들이 없는지 살피고 이름을 적었다.

규율부장의 완장은 내게 상당한 자부심을 안겨주었다. 소 치기를 했던 시간은 학교에서 배울 수 없는 많은 것들을 체득했을 것이다. 선생님이나 주변 어른들은 그것을 알아본 것 같다.

동네 친구와 K중학교에 진학했다. 삼각지에서 버스와 전차를 번갈아 타며 한 시간 이상 가야 하는 먼 곳의 학교였다. 그 학교에 가게 된 것은 친구 때문이었다. 남달리 몸도 약하고 또래보다 어려 보이는 친구는 세심한 돌봄이 필요했던 것이다. 친구를 친척이 교사로 있는 K중학교에 보내기로 한 친구 어머니는 새어머니를 찾아오셨다.

평소 눈여겨보시며 믿음직스러워했던 내가 먼 통학길에 동행했으면 하는 바람에서였다. 어찌나 간곡하게 부탁하시는지 새어머니는 결국 승낙하셨다. 중요한 선택의 기로였지만 유년 시절의 나는 어느 중학교를 가겠다는 뚜렷한 생각도 없었다.

나는 새어머니의 결정에 따라 콩나물 시루 같은 버스와 초만원 전차를 번갈아 타며 매일 서울 동북쪽을 가로질러 오갔다. 풀 먹인 교복이 다 구겨지고 회칠한 하얀 운동화는 발에 밟히기 일쑤였다. 그렇게 힘들게 학교에 도착하면 교실에 들어서기도 전에 진이 다 빠졌다. 하지만 그 힘든 시절은 넓은 세상에 눈을 뜨게 되고 평생 나아갈 생의 이정표를 세우게 해주었다. 삶은 그렇게 오묘하고 신비하다.

나는 또래보다 일찍 철이 들었다. 어머니를 잃으신 후 아버지는 마치 목소리가 사라진 사람처럼 조용히 집을 나서고 조용히 들어오셨다. 아무도 가르쳐주지 않았으나 나는 그 고요함 속에서 나이보다 성숙했고 의연함을 길렀다.

내가 먼 거리 통학을 한다는 것을 알고 계신 담임 선생님의 권유로 동급생 집에서 입주 가정교사를 하기도 했다. 아들의 학습을 도와주며 함께 공부할 학생을 추천해 달라는 학부형의 부탁을 받은 선생님이 나를 추천하신 것이다. 동급생을 가르친다는, 지금 생각해도 쉽지 않을 일을 6개월 넘게 해냈다.

골방의 꿈, 그리고 멘토

고등학교 때 도서반원이었다. 나에게 책은 세상을 보는 창문이었다. 지금은 컴퓨터 윈도우(Windows)를 통해 먼 세상도 눈앞에 있는 것처럼 만날 수 있지만 당시 해외여행은 부유층에게도 꿈 같은 일이어서 신문을 통해서나 겨우 세계 정세를 알 수 있을 때였다. 나는 책을 통해 세상을 보는 윈도우를 활짝 열고 오대양 육대주를 향한 꿈을 펼쳐 나갔다.

교정에 어둠이 내리는 것도 모른 채 밤늦도록 책 읽기에 빠져들었다. 세계문학은 나를 드넓은 세상으로 인도하는 가이드였다. 헤밍웨이, 셰익스피어, 톨스토이…그들이 펼치는 세상에서 서구의 선진 문명과 문화, 그리고 삶의 가치관을 배우며 꿈을 키워 나갔다.

도서실 구석에 작은 방이 하나 있었는데, 도서실 퇴관 후 책을 정리하는 조건으로 잠을 잘 수 있게 되었다. 버스와 전차에 시달리는 통학을 하지 않아도 될 뿐 아니라 넓디넓은 서가를 독점하게 되었다. 나에게 도서실은 그저 숙제나 하고 시험공부나 하는 공간이 아니었다. 그곳은 세상을 향해 나아가야 할 길의 이정표를 세우고, 그 길을 달려갈 열정을 품고 준비하게 하는 스타트 라인이었다. 나의 인생의 로드맵에 '대우맨'이 될 조짐이 그때부터 있지 않았을까.

| 나의 멘토, 간디

특히 간디는 나의 정신적 멘토였다. 간디 자서전을 읽으며 내면의 힘을 기를 수 있었다. 우연의 상황을 인생의 도약으로 삼으려면 준비되어 있어야 한다는 것.

1893년 겨울, 인도 출신의 24세 젊은 변호사인 모한다스 카람찬드 간디는 남아프리카의 더반에서 프리토리아로 가는 기차를 탔다. 1등칸 표를 구입해 1등칸에 탔던 그는 짐차 칸으로 옮기라는 역무원의 부당한 요구를 받는다. 유색인종이 1등칸에 탔다는 이유였다. 그가 거절하자 경찰까지 동원해 강제로 기차에서 끌어내리고 짐까지 내던졌다.

모멸감과 좌절감 속에 기차역 바닥에 누워 밤하늘을 쳐다보던 간디는 인생이 바뀌는 경험을 하게 된다. 마치 자신을 위로하듯 무수히 반짝이는 푸른 별들을 보면서 확신을 가지게 된 것이다. 세상 사람들이 자신의 몸은 강제로 길바닥에 내던질 수 있을지라도 밤하늘의 푸른 별처럼 그의 가슴속 신념과 정의는 그 누구도 빼앗을 수 없다는 스스로의 다짐이었다.

간디는 마리츠버그 역에서 겪은 시련이 계기가 되어 한 평범한 청년 변호사에서 비폭력 저항 운동을 시작하며 식민

지 인도의 독립을 이끌어낸 위대한 지도자로 바뀌게 된다. 그 당시 영국 제국주의 사회의 계층 간, 인종 간 부당한 인권적 차별과 탄압에 맞서 평화적 저항운동을 시작한 것이다.

고등학교 시절, 나는 이 책을 다 읽고도 쉽사리 덮을 수 없었다. 내가 지금은 설익은 미물에 풋내기에 지나지 않지만 간디의 인생에 새로운 길을 열어준 그 밤하늘의 푸른 별이 내 인생 길을 비출 것이라 확신했다. 나는 결단했다. 어떠한 역경이나 고난이 닥칠지라도 굽히지 않는 신념으로 내 꿈을 이루어 가리라고.

글자와 사랑에 빠지다

독서의 역사는 길다. 내가 살던 삼각지 동네 어귀에 작고 허름한 헌책방이 있었다. 중학교 때부터 내 집 드나들 듯 들락거렸다. 서너 사람만 들어서도 꽉 찰 정도의 좁은 공간에 천장까지 쌓여 있던 책. 야학에서 한글을 깨친 후 길에 떨어진 폐지 조각까지 주워 읽을 정도였으니 헌책방은 보물섬 같았다.

고물상처럼 제멋대로 쌓여 있는 책 더미를 뒤지며 보물을 찾는 듯한 희열을 느꼈다. 책방 주인의 눈총도 아랑곳하지 않고 구석에서 몇 시간이고 책장을 넘기면 작고 까만 활자들이 내 존재의 빈 곳을 차곡차곡 채우는 것 같았다. 이렇게 책 속의 깊고 넓은 세상은 나의 꿈이자 또 다른 세상이 되어가고 있었다.

신문 읽기 또한 나의 즐거움 중 하나였다. 중학교 시절 나의 하루는 마당에 떨어진 신문을 주으러 나가면서 시작되었다. 신문 배달부는 새벽 바람을 가르고 달리며 담 너머 휙휙 신문을 던졌다. 나는 방에서 기다렸다가 신문 떨어지는 소리가 들리기가 무섭게 부리나케 신문을 주워들었다.

신문을 펼치면 훅 다가오는 잉크 냄새가 그렇게도 좋았다. 크고 작은 활자들이 꽉 찬 신문을 넘길 때마다 가슴이 두근거렸다. 그러다 보니 또래에 비해 정치, 사회, 경제 전반에 걸쳐 일찍 눈을 뜨게 되었다. 자주 등장하는 정치인 이름, 사회적 이슈 등 세상 돌아가는 일들을 보게 된 것이다. 한문이 더러 섞여 있었지만 괄호 안에 한글 표기가 되어 있어 한문도 덩달아 빨리 익힐 수 있었다. 신문은 글자를 읽는 기쁨, 모르는 것을 새롭게 알게 되는 기쁨을 넘어 나의 시야를 열어주어 세상 속으로 한 발 더 나아가게 해주었다.

영문과 지망생의
진로가 바뀌다

어린 나이에 헌책방 단골이 되고, 도서반원이 되면서, 책을 통해 넓은 세상의 삶과 문화를 접하게 된 나는, 세계를 향한 소박한 비전을 갖게 되었다.

비극적인 한국 전쟁으로 2, 3백만 명의 귀한 생명을 잃고 나라 전체가 찢기고 파괴된 참혹한 맨바닥에서 온 국민이 궁핍에 시달리던 현실에서 유럽이나 미국 등 선진국의 발전된 모습을 보면서 '그들처럼 살아볼 기회는 없을까?' 하는 꿈을 꾸게 된 것이다. 나의 십대 시절, 미래를 향한 길을 꿈꾸고 준비하는 나의 인생 배낭은 신비한 방식으로 차곡차곡 채워져 가고 있었다.

그런데 지나고 보니 이 모든 일은 우연이 아니었다. 비어 있던 나의 어머니 자리를 긍휼히 보신 하늘 아버지의 손길이 함께하셨음을, 믿음의 눈을 뜨고서야 비로소 깨달을 수 있었다.

도서반원을 하며 골방에서 지낸 시간은 문학을 향유하는 기쁨이 가득했다. 도스토옙스키의 《죄와 벌》을 읽으면 시베리아 황량한 유형지의 처절한 바람소리가 들려왔고 라스콜리니코프의 도덕성과 죄의식을 넘어서려는 인간의 시도가 얼마나 허무한지 뼛속까지 사무쳤다.

한 점 부끄럼 없이 살기를 꿈꿨던 윤동주 시인의 지순한 결벽성에 깊은 감명을 받기도 했다. 이에 도전을 받아 시를 쓰느라 밤을 지새우기도 했는데 문예반 활동을 하던 가까운 친구의 영향도 컸다. 인천에 살았기 때문에 방학에는 얼굴을 보기 힘들었던 친구였다. 전화 통화도 쉽지 않을 때라 방학이면 시적 감수성으로 가득 찬 편지를 주고받았다. 그 친구는 먼 후일 뜻밖의 장소에서 재회하면서, 내 인생에서 터닝포인트가 되는 지대한 영향을 끼친다.

계속 이어지고 있는 존과의 펜팔은 영어와 친밀해지기에 충분했다. 이렇듯 문학과 영어에 깊이 빠져들면서 나의 대학 진로는 자연스레 서울대 영문과로 귀결되었다.

하지만 의외의 난관에 부딪쳤다. 대입 원서를 쓰기 위한 면담에서 담임 선생님은 서울대 상과대학을 강력하게 권하신 것이다. 당시만 해도 고3 담임의 능력은 몇 명이나 서울대에 진학을 시켰는지, 그 중에서도 법대와 상대, 공대에 몇 명을 보냈는가로 평가되었기 때문이었다.

앞날이 좌우되는 중요한 학과 결정이 선생님의 절대적 권한으로 서울 상대 지원으로 전환되었다. 어쩔 수 없는 담담한 심경으로 시험을 치렀다. 결과는 불합격이었다.

재수를 하기로 했다. 아침 7시면 노란 알루미늄 도시락을 두 개씩 싸 들고 독서실로 출퇴근했다. 거리를 지나는 사람들의 환한 웃음과 가벼운 발걸음 사이에서 나만 빼고 모두 행복해 보였다. 독서실 좁은 칸막이에 자리를 잡고 책과 씨름하면서 패잔병 같은 느낌을 지울 수 없었다. 점심과 저녁을 도시락으로 해결하고 밤 10시까지 공부에 집중했다.

늦은 밤 버스에서 내려 피곤한 발걸음을 옮기면서 종종 하늘을 보았다. 누렁이 고삐를 쥐고 타박타박 언덕을 오르내리던, 앞날을 기약할 수 없었던 어린 시절의 내 모습이 떠오르면 나도 모르게 중얼거렸다.

"힘들지 않다. 힘들지 않아, 그때보다는."

이듬해 서울대 상대에 재도전했고 합격했다.

황태자의 첫사랑은 꿈이었다

하이델베르크 대학가의 낭만을 다룬 영화 "황태자의 첫사랑"은 1960년대 흥행작이었다. 마리오 란자가 맥주를 마시며 부르는 축배의 노래는 많은 젊은이들이 따라 부를 정도로 유명했다. 하지만 꿈에 부풀어 들어간 대학은 내가 꿈꾸던 곳과 달랐다. 영화 속 대학생들처럼 자유가 넘치고 도전적인 대학 생활을 꿈꾸던 나는 실망을 감출 수 없었다.

대학은 선택받은 자로서 캠퍼스를 누비며 학문의 자유를 만끽하는 곳이라고 생각했다. 전국에서 내로라하는 수재들이 모인 190명 정원의 상대에 운 좋게 입학했으니 자부심도 컸고 그만큼 기대도 많았다. 은빛으로 반짝이는 배지는 부러움과 특권의 표상이기도 했다.

흘러넘치는 맥주 거품, 흥겨운 노래, 젊음의 향연은 하이델베르크와 별반 다르지 않았다. 하지만 그뿐이었다. 정작 학문과 배움에 있어서는 속 빈 강정 같았다. 실존적 사고를 하며 진리를 탐구하고, 날카로운 지성으로 토론하며 학문의 진리를 탐구해 나갈 것이라는 기대가 무색했다.

C학점이면 족하다

재수까지 해서 들어온 대학이어서 더욱 실망이 컸으리라. 고등학교 수업과 변별성이 없는 대학교 강의실은 고등학교 시절 도서관 골방보다 더 좁게 느껴졌다.

그래. C면 족하다. 학점 1.0. 딱 거기까지만 하자.

나는 더 이상 학점에 연연하지 않을 결심이었다. 인간의 가치를 탐구하는 인문학에 대한 지적 호기심이 많았는데 경영학은 사회과학에 치중하는 학문이어서 나의 기대치를 채워주지 못했다. 흥미가 사라졌으니 수업에 매진할 수 없었다.

나는 틀에 묶이지 않기로 했다. 환상이 깨지자 리버럴(liberal)한 대학 생활로 전환했다. 가정교사로, 학원 원장으로, 자유와 해방감을 만끽했다. 마치 새장과 창공을 자유롭게 오가는 새 같았다.

"넌 어떤 사업을 해도 성공할 놈이야."

그러한 나에게 교수들과 친구들은 농담 반 진담 반으로 추켜세웠다.

카이로에 근무하면서 종종 그 말이 떠올랐다. 사업? 사업? 그러나 이내 고개를 저었다. 나는 대우와 잘 맞았다. 대우는 나의 능력을 십분 발휘할 수 있고 나의 끝없는 도전과 진취성을 다 포괄할 여유가 있는 그룹이었다. 나는 대우에 뼈를 묻을 생각이었다.

그의
EXIT PLAN

카이로 지점장으로 근무한 지 어느덧 3년이 다 되어갔다. 일반적으로 해외 지사에서 2, 3년 근무하고 나면 일단 한국으로 복귀하여 본사에서 몇 년 머문 후에 다시 해외로 나가는 게 관례였다. 그러므로 나도 한국으로 귀국할 준비를 하고 있었다.

그런데 예기치 못한 일이 벌어졌다. 본사로부터 회장님 특별 지시가 내려온 것이다. LA에 있는 대우그룹 아메리카 서부 미주 법인 '총괄 책임자'로 가라는 특별 명령이었다. 이게 무슨 소린가? 처음에는 나도 믿을 수 없었다.

당시 해외에 있는 대우 지사는 오대양 육대주에 걸쳐 50여 개에 이르렀는데 그중에서도 LA, 뉴욕, 런던 지사는 모든 '대우맨'들의 로망이었다. 비즈니스 환경도 월등했지만 사회, 문화, 교육적 환경과 삶의 질이 월등했기 때문이다. 더구나 LA 지사는 뉴욕 지사 다음으로 큰 지점이었다. 누가 봐도 극히 이례적인 인사였다. 그야말로 '특별 인사'인 것이다.

다음 행선지가 한국이 아니라 LA라는 말을 들은 아내는 처음에는 무슨 의미인지 모르는 눈치였다. 어떻게 해서 LA로 발령이 났는지 나도 모르겠다고 했다. 아무 말도 못 하고 한동안 눈시울을 붉히던 아내가 떨리는 목소리로 말했다.
"우리가 LA로 가게 된 것은, 하나님이 당신을 이끌고 가신다는 의미예요."
성경적 의미를 부여하자면 탈애굽(이집트), 가나안(LA) 입성의 과정이었다. LA에서 나는 내 인생의 대전환점을 맞이하게 된다. 그 모든 것이 하나님의 섭리 안에 있음을 그때는 미처 알지 못했다.

출(出)애굽과 탈(脫)대우

1982년 5월, 36세의 나이에 LA 총괄 책임자가 되어 그 당시 전 세계를 취항하는 미국 항공사 TWA(Trans World Airlines)를 타고 대서양을 건넜다. 창밖으로 끝없이 펼쳐진 바다가 보였다. 광활하고 짙푸른 바다는 금빛 햇살에 잔잔하게 반짝이고 있었다. 저토록 드넓은 바다도, 저토록 찬란하게 빛나는 바다도 이제껏 본 적이 없었다. LA공항에서 내려 첫발을 내디뎠을 때 가슴이 벅차올랐다. 임대해 놓은 아파트로 가는 길에 두 아이는 연신 환호성을 질렀다.

"Wow, no more moving!"

이란에서 이집트로, 그리고 이집트에서 캘리포니아로 오게 된 것 역시 이제 와서 돌아보면 절대 주권자이신 하나님의 섭리였다. 젊은 시절 이대 교목실에서 힘주어 서원했던 그 언약의 성취. 당시는 미처 깨닫지 못했지만 LA는 하나님이 허락해주신 가나안이었다.

하지만 정작 짐을 풀어놓고 찾아간 사무실 분위기는 사뭇 기대와 달랐다. 회장님의 특별 발령, 그리고 '총괄 책임자'라는 생소한 직함. 50여 명이나 되는 직원들은 의혹에 싸인 눈빛으로 나의 일거수일투족을 주시하고 있었다. 긴장감이 감도는 싸늘한 공기에 숨이 턱 막혔다. 결코 호의적인 분위기는 아니었다. '회장님이 직접 특별 명령을 내려서 왔다니까 혹시 비밀 감독관이 아닐까.' 그렇게 생각하는 것 같았다.

나 역시 내 직함과 내가 할 업무에 대해 알지 못했다. 비서실에 근무할 때부터, 아니 처음 만난 그 순간부터 나를 신뢰해주신 회장님이었다. 이번에도 의외의 특명을 주셨기에 책임감과 감사함으로 가득했지만 나에게 무엇을 원하시는지 구체적으로 알 수 없었다.

　무엇보다 '총괄 특명'을 수행하기에는 내 나이가 너무 젊었다. LA지사 전무와 이사들은 나보다 10년은 더 윗길인 선배들도 있었고 학연으로 똘똘 뭉쳐 있었다. 기득권 세력과 풋내기 총괄과의 소리 없는 전쟁이 시작되었다. 아무리 특별 명령을 받았다고 해도 그들의 텃세는 당해낼 수 없었다. 총괄과 지점장의 명확한 업무 분담이 없다 보니 어떤 보직을 받기까지 한참을 헤매기도 했다. 어떡하든 최선을 다해 일을 하려고 했지만 힘들게 인내해야 하는 시간을 보내야 했다. 분명한 것은 나라는 존재가 그들 눈에는 가시였다는 것이다.

아내의 두 번째 고백

아프리카 케냐에 가도 감사합니다

　카이로에서 가장 큰 걱정은 아이들의 열악한 교육 환경이었어요. 미국에 사는 언니를 두 번이나 보고 왔던 터라 나에게는 미국이 교육의 최고 도시처럼 생각되었습니다. 그래서 100일 기도를 시작했어요.
　"하나님, 우리를 미국으로 보내주세요."
　미국에 가면 더 이상 교육에 대한 걱정을 안 해도 된다는 생각에 그런 기도를 하게 된 거예요. 그렇게 100일을 작정하고 열심을 다해 기도하는데 채 20일도 되지 않아 마음의 변화가 왔어요. 내면에서 이런 울림이 있었던 거예요. '하나님을 믿고 산다고 하면서 이기심으로 가득 차 있느냐….' 그때 비로소 제대로 눈이 떠졌습니다. '아, 그렇구나. 내가 이기적으로 기도했구나!' 깨닫자마자 즉시 100일 기도를 포기했습니다. 그리고 기도가 바뀌었어요.

"하나님, 하나님이 우리를 어디로 보내시든, 설령 아프리카의 어떤 오지로 보내신다고 해도 하나님을 믿고 잘 살겠습니다. 그곳이 아무리 척박한 곳이라도 하나님과 함께 있는 곳이 천국인 것을 믿습니다."

아이들 교육 때문이라는 미명하에 젖과 꿀이 흐르는 미국으로 가게 해달라는 이기적인 100일 기도를 시작했으나 하나님이 곧 깨닫게 해 주셨어요.

"하나님, 미국으로 안 가도 됩니다. 어디를 가든 하나님이 계신 곳이면 믿음으로 자리를 잡겠습니다."

이렇게 마음을 내려놓고 기도를 중단한 지 한 달도 채 지나지 않는데 남편이 놀라운 소식을 전해준 것입니다. LA총괄로 발령받아 미국으로 가게 되었다는 소식을요! 내가 얼마 전 회개하고 포기했던 바로 그 미국으로 발령을 받게 되다니!

정신이 번쩍 들었습니다. '이것이 바로 하나님의 구원 계획이구나!' 나는 확신했어요.

친하게 지내던 전도사님과 같이 미국 선교사님한테 기도를 받으러 간 적이 있었습니다. 그때 그 미국 선교사님이 방언으로 기도를 해주었는데 통역 은사까지 있어 이렇게 말해주는 거였어요.

"자매님에게는 가족을 구원하라는 사명을 주셨습니다."

그 말을 듣고 나는 마음에 결단했습니다. '그렇다면 온 가족을 구원시켜야겠다. 먼저 남편, 다음에는 아이들.' 그때부터 가족을 위한 구원의 기도를 시작했습니다. 저는 믿었습니다. 언제 하나님이 우리 가족을 구원해 주실지 모르지만 그날이 머지않아 반드시 올 것이라는 것을.

LA법인장의 빛과 그림자

그렇게 힘든 3년을 보낸 1985년, 또다시 이례적인 발령을 받게 된다. LA법인장. 불과 마흔의 나이에 미국 서부 지역 법인대표로 임명된 것이다. 정기 인사가 끝난 지 한 달 후 전격적으로 이루어진, 누구도 예측할 수 없던 예외적 인사였다. 이 또한 힘든 상황을 더 악화시켰다. 기존 법인대표는 졸지에 해임당한 꼴이 되었으니 내부 갈등으로 이어질 수밖에 없었다. 강력한 저항 세력은 집무실도 내주지 않았고 두 달 가까이 인수인계조차 해주지 않았다.

사실 그것은 회장님에 대한 항명에 다름없었다. 이미 신문에 발령 기사까지 실렸는데 표면화된 알력과 갈등은 점차 강도를 더해갔다. 뉴욕 법인장까지 찾아와서 중재를 위해 애썼지만 그들의 텃세 앞에는 무용지물이었다.

이런 어이없는 상황에 나는 깊은 회의를 느꼈다. 회사 내부의 보이지 않는 경쟁, 알력, 갈등 등은 대기업 조직에 나타나는 고질병이었다. 나는 실망스러운 인사 문제로 심각한 탈진 상태까지 이르렀다. 그동안은 그래도 마음을 잡고 업무를 수행했지만 계속 상급 책임자로 올라갈수록 겪어야 할 갈등이라면 나는 어떤 길을 선택해야 할까? 새로운 사업 개발을 위해 불철주야 동서남북 전 세계를 바쁘게 다니시는 회장님은 회사 내 이런 고질적인 병폐를 알고는 계실까? 아신다면 얼마나 실망이 크실까….

그 후 며칠 지나지 않은 어느 날, 인내의 한계에 다다른 나는 충동적인 결단을 내렸다.

'사표를 내버리자.'

LA법인장으로 발령 받은 지 한 달 만이었고 대우에 발을 디딘 지 15년 만이었다. 대우에 뼈를 묻을 생각이었던 내가 이렇게 그만 둘 거라고는 꿈에도 상상할 수 없는 일이었다. '누울 자리 봐가며 발을 뻗어라'는 속담도 있는데 나는 전후좌우 아무 대책도 없이 일단 이 상황만은 벗어나고 싶었다. 평소 돌다리도 두들기며 걷는다는 나의 신중함으로는 절대 할 수 없었던 이 결단으로 인생의 반전의 역사 속으로 들어가게 된다.

본사 직속 사장실에 장문의 편지와 함께 사표를 보냈다.

"본사로부터 인사가 있었으면 그대로 진행될 수 있게 하든지, 아니면 그 발령을 취소하든지 무슨 조치가 있어야 할 것 아닌가. 어떻게 인사 발령에 이러한 비상식적 불복종과 항명이 있단 말인가! 이런 구조적 병폐를 더 이상 두고 볼 수 없어 나는 사표를 내겠다."

사직서를 받아본 본사에서는 사장님까지 나서서 극구 말리시며 조금만 더 기다려달라는 연락이 왔다. 하지만 완강한 나의 뜻에 따라 결국 사표는 수리되었다. 이렇게 회사를 떠나는 경우를 상상도 못했으나 나는 무슨 절대적 힘에 끌린 것처럼 앞뒤 생각도 없이 다시 돌아오지 못할 다리를 건너게 된 것이었다.

나중에 이런 사실을 아시게 된 회장님도 나의 이런 충정의 마음을 이해하시고 퇴직금도 달러로 보내주는 등 마지막까지 최대한 편의를 베풀어 주었다.

1985년 6월, 마침내 나는 기업인의 옷을 벗고 자연인으로 돌아갔다. 마치 에덴동산에서 벌거벗은 아담처럼 아무것도 없는 고독한 실존으로 서게 된 것이다. 내 나이 마흔 살이었다.

| 대통령 후보 유세 돕겠습니다

1992년 대선 때였다. 현대그룹 정주영 회장이 대통령 후보로 나서면서, 대우그룹 김우중 회장도 대선에 출마한다는 소문이 떠돌았다. 소문이 어느 정도 현실성이 있다고 생각한 나는 김우중 회장님께 진심이 담긴 편지를 보냈다. '회장님이 대선에 출마하게 되면 미국에서 당장 한국으로 날아가 최선을 다해 회장님의 대선을 돕겠다'는 결심을 써 보낸 것이다. 진심이었다.

나는 회장님이 대선에 출마하면 모든 일을 팽개치고 한국으로 가서 누구보다 열심히 회장님을 위해 뛸 결심이었다. 그 이유 중 하나는, 지금도 마찬가지이지만 그때 당시 자랑스러운 나의 조국 대한민국의 정치는 번지르르한 말은 많고 그 품격은 제3세계의 여느 후진국처럼 국민들을 탄식하게 만드는 상황이었다. '어째서 앞날의 꿈과 희망을 키워줄 리더가 없을까?'에 대한 답답함의 해결사로 김우중 회장 같은 분이 나서기를 바랐다.

　그 열정과 지혜, 결단력, 그리고 전 세계에 구축해 놓은 그의 공적, 사적 인간 관계를 활용하여 역사에 길이 남을 리더가 될 것이라는 개인적인 확신이 있었기 때문이었다. 나의 진정한 마음을 읽으신 회장님은, 생각 끝에 대선에 출마하지 않을 것이라며, 내 뜻은 고맙게 받겠다는 답장을 보내주셨다.

그해 여름

그해 여름은 유난히 더웠다. 특히 LA에는 기록적인 더위가 기승을 부렸다. 하루아침에 실직자가 된 나는 아침에 눈을 떠도 갈 곳이 없었다. 그동안 긴장감의 연속이었던 나날을 보냈는데 나를 불러주는 곳도, 나를 필요로 하는 곳도 없었다. 매일 아침 출근하자마자 쌓여 있는 일처리로 바쁘게 보내고 저녁 늦게야 귀가하던 일상이 무너지고, 아침에 눈을 뜨면 오늘은 무엇을 하고 어디를 가야 할지 고심하는 내가 되었다. 무료한 나날의 연속이었다. 가족과 같이 있었지만 가장이 짊어져야 할 짐이 양 어깨에 묵직했다. 고독했다.

가끔 소를 치던 목동 시절이 떠올랐다. 그때는 황소가 나를 지켜주는 것 같았는데 지금 나는 누가 지켜주고 있을까? 아니, 지켜줄 누군가가 있기나 한 걸까? 내 나이 마흔인데 그 시절을 떠올리니 다섯 살 철부지보다 못하지 않나 하는 생각마저 들었다.

몸은 온종일 집에서 편하게 있지만 마음은 답답하고 착잡했다. 하루에도 수백 가지 상념이 셀 수 없이 스쳐 지나갔다.

'대체 내가 무슨 일을 한 거지? 대책 없이 그만두다니. 내가 어떻게 이런 결정을 했을까?'

불확실한 앞날에 대한 불안과 걱정 속에 상념은 끝이 없었다. 나의 돌연한 사표는 가족은 물론 주변 사람들에게도 충격이었다.

'무슨 계획이라도 있겠지. 설마 무작정 그만둔 것은 아니겠지. 가만 있으면 임원도 되고 더 큰 중책도 맡게 될 텐데 그 아까운 커리어를 내동댕이치고 불쑥 뛰쳐나온 이유가 있겠지.'

사람들은 그렇게 생각했을 것이다. 하지만 무작정 그만둔 게 맞았다. 매사에 계획적이고 빈틈없고 미래를 치밀하게 예측하던 평소의 나를 보아온 주변 사람들은 믿지 못했다. 나 역시 내가 이렇게 무모하게 결정을 내릴지 몰랐다. 어떻게 보면 지극히 즉흥적이고 충동적인 결단이었다. 그러나 먼 세월이 지나 내 인생 발길을 뒤돌아보면, 이는 숙명적 변화의 시작이었다.

하지만 아내는 뜻밖의 반응을 보였다.

"걱정하지 말아요. 당신은 할 수 있어요. 이제 당신 사업을 하세요."

아내의 진심 어린 격려였다. 의상디자인을 전공한 아내는 고급 웨딩드레스 숍에서 얼터레이션(alteration)으로 일하고 있었다. 소일거리 삼아 시급 12불로 시작한 일이었는데 점점 실력을 인정받아 베테랑급 수준의 파트타임 잡(job)이 되었다. LA에 왔을 때부터 영어도 배울 겸 가벼운 마음으로 시작한 일이었다.

"이제 당신의 때가 온 거예요. 당신이 하고 싶은 일을 하세요. 지금 아니면 못할 거예요."

대우그룹을 선뜻 그만둘 정도의 배짱과 용기가 있는데 못할 게 뭐가 있느냐는 것이다. 아내는 이렇게 나에게 힘을 북돋아 주었다. 이 얼마나 위로가 되는 말인지! 지금도 생각하면 당시 아내의 통 큰 배려가 놀라울 따름이다.

3장

사업가의 길—첫 영업

'대우'라는 세상 꿈을 내려놓고서야

비로소 껍데기뿐인 내 실상을 보게 되었고

삶이 무엇인지 생명은,

그리고 그 종착역은 어디인지 깨닫게 하셨고,

나의 영의 눈을 뜨고 영이신 하나님의 실존을 느끼게 되었다.

티끌 같은 존재인 '나'라는 한 생명을 구원하시고자

바닷가 모래알처럼 수많은 사람들 가운데 건져내

그 구원의 여정을 시작하신 것이다.

그렇게 하늘의 시간, 하나님의 시간이 다가오고 있었다.

코드라의 시작,
첫 거래 오리 쿠션

집에만 있다 보니 삶의 리듬이 깨지고 세상은 온통 잿빛으로 보였다. 이러다가는 우울증에 빠지겠다 싶어 집 근처에 작은 사무실을 얻었다. 책상과 캐비닛 그리고 전화기 한 대가 전부였다. 사표를 쓰고 두문불출한 지 두 달 만이었다.

매일 사무실로 출근했다. 세상과 단절된 곳이었다. 대우 시절과 비교도 안 되는 좁은 공간에 온종일 혼자 있었다. '절대 고독' 속에 평소 나답지 않은 질문들이 연이어 흘러나왔다.

'나는 누구인가? 왜 여기까지 오게 되었는가? 이제 무엇을 해야 하는가?'

마치 벼랑 끝에 발을 디디고 선 듯한 막막함이 엄습하면서, 내 인생은 보잘것없이 연약하고 미미한 존재라는 자각이 찾아왔다.

그러다 보니 먹고사는 문제는 차치하고 보다 실존적인 질문이 꼬리를 물었다.

'대체 산다는 건 뭐고, 나는 도대체 누구인가….'

열세 평 사무실에서는 하늘이 보인다

창밖으로 분주하게 지나다니는 사람들이 보였다. 그러면서 자연스레 눈길이 하늘로 향했다. 땅 위의 분주함하고는 아무 상관이 없다는 듯 맑고 청명한 하늘이었다. 이전에는 하늘을 쳐다볼 새도 없이 살았다는 사실을 그제야 깨달았다. 치열하게는 살았지만 삶의 본질과 그 의미는 모른 채 지내왔던 지난 세월의 공허함에 눈을 감았다.

하늘을 보며 계속 생각에 빠져들었다. 이처럼 땅에 발을 붙이고 살다가 언젠가는 흙으로 돌아가는 인생이 전부일까? 내가 보고 알고 있는 것 그 이상의 무엇인가 있지 않을까? 인생의 오묘함이 더욱 나를 끝없는 미혹에 던져 놓았다.

오래전 탄광 현장 실사 아르바이트를 나간 적이 있었다. 대학 2학년 여름방학 때였다. 그곳에서 만나고 겪은 또 다른 세상이 있었다.

학과 선배와 팀을 이루어 충청도와 강원도 일대 광산을 돌

앉다. 탄광이 깊은 산속에 있다 보니 시외버스를 계속 갈아타기도 하고 그나마 버스가 없으면 땡볕에 먼지 풀풀 날리는 산길을 오르내리는 멀고도 먼 길이었다.

설문조사를 통해 만난 탄광촌 광부들은 극심한 노동의 대가로 겨우 끼니를 해결하고 있었다. 가난이란 무엇인가? 인생의 운명이란 무엇인가? 그동안 배웠던 캠퍼스 강의는 생생한 이 실존 앞에서 무력하기 짝이 없었다. 저학력에 특별한 기술도 없어 깊고 어두운 갱도에서 온종일 석탄가루를 마시며 일하는 처연한 삶의 현장이었다.

어떻게 살아야 할 것인가. 어느덧 나는 나에게도 설문조사를 하고 있었다. 그해 여름 내내 늦은 밤 주막집에서 탁주를 앞에 놓고, 강의실에서는 배울 수 없는 삶의 무게를 배웠다.

작은 창문을 통해 보는 LA 하늘은 한국의 고향 땅 가을 하늘처럼 높고 푸르렀다. "넌 어떤 사업을 해도 성공할 놈이야." 잊고 있었던 목소리가 귓전을 울렸다. 친구들이 종종 지나가는 소리로 말했지만 내 마음 한구석에 여운이 남아 있는 말이었다.

어릴 때 누렁이와 함께 야트막한 언덕에 올라 풀밭에 누워 하늘을 보던 기억도 떠올랐다. 인적 없는 야산, 눈에 익은 정겨운 나무들, 그리고 그 사이로 보이는 짙푸른 하늘…그리고 하늘 저편에서 계시던 어머니. 나를 보시는 듯, 안 보시는 듯 멀리 서 계신 것 같던 어머니…나도 모르게 불끈 주먹을 쥐었다.

'그래. 나는 다시 원점으로 돌아가 시작할 것이다. 무에서 시작하여 누렁이와 단짝 친구가 되고, 야학의 등잔불 아래에서 터득한 한글로 초등학교 2학년생이 된 것처럼, 아무것도 없는 이 상태에서 일어날 것이다. 나는 할 수 있다. 나는 무너지지 않을 것이고, 이곳은 장차 나의 미래를 책임질 산실이 될 것이다.'

옐로우 북에서 길을 찾다 2

그러던 어느 날 아침이었다. 그날도 사무실에 혼자 무료하게 앉아 '오늘은 뭘 할까?' 하면서 궁리하던 중에 문득 책상 위에 덩그러니 놓인 전화번호 책이 눈에 들어왔다. 새로 전화를 가입하면 자동적으로 따라오는 소위 옐로 페이지 디렉토리(yellow page directory)였다.

"앗, 이건…."

전화번호부 책을 보는 순간 전율이 흘렀다. 어떤 기시감이 나를 사로잡았던 것이다. 난생 처음 해외 출장을 갔던 마닐라 호텔 방에서 발견했던 옐로 페이지 데자뷔였다. 떨리는 마음으로 전화번호부 책을 펼쳤다. 그곳에는 산업별, 업종별, 품목별 회사 이름과 주소와 전화번호가 빼곡히 적혀 있었다.

바로 이거다! 나는 무릎을 쳤다. 내가 앞으로 무엇을 해야 할지 엉킨 실타래 풀리듯 해답을 얻었다. 나는 무역업으로 잔뼈가 굵은

놈이다. 이 경험으로 미국 제조업체를 한국이나 동남아와 연결하는 사업을 해보자. 나는 누구보다 이 일을 잘 해낼 자신이 있다!

첫 주에만 수십 군데 콜드콜(cold call: 약속하지 않은 상태에서 전화를 거는 영업 행위)을 했다. 사실 체계화된 미국에서 뚜렷한 용건을 가지고 사전 약속을 하지 않으면 통화 자체가 힘들었다. 콜드콜은 대화를 시도하기도 전에 거절당하는 경우가 다반사였다. 오죽하면 콜드(cold)라는 수식어가 붙었을까! 그도 그럴 만했다. 일정표에 따라 바쁘게 움직이는 경영자들이 악센트 강한 영어로 통화 좀 하자는, 이름도 생소한 아시안의 전화를 받을 이유가 없었다.

모든 게 악조건이지만 나는 포기할 수 없었다. 그래서 나름대로 계획을 세웠다. 전화할 업체의 업종, 규모 등을 사전에 파악하여 원가 절감이 가능한 노동집약적인 업종을 체크했다. 미국의 비싼 인건비를 한국의 저렴한 인건비로 대체해 효율적 생산성을 기대할 수 있는 장점을 최대한 활용하기로 했다. 당시 미국의 인건비는 시간당 7불 선인 반면, 한국에서는 30~40센트로도 일할 수 있을 정도로 인건비 차이가 상당했다.

주눅이 든 채 떨리는 마음으로 시작한 무모한 콜드콜이었다. 열에 아홉은 받자마자 'No Thank You'로 끊어버렸다. 그 막막함을 어떻게 표현해야 할까? 보이지 않는 상대방이 주는 좌절감과 허무함은 오롯이 나만의 몫이었다. 일주일 내내 콜드콜을 했지만 허탕이었다. 해 보겠다는 용기까지는 좋았지만 결과는 실망적이었다.

이 방법은 잘못된 것인가…. 거듭된 실망 속에 맥이 빠지고 자신감도 흔들릴 즈음, 나를 다시 붙들어 세워주는 음성이 있었다. "이렇게 쉽게 포기할 바에는 처음부터 시작하지 말았어야지. 자, 다시 생각해 보렴" 하시는 어머님의 자상한 책망이 내 마음을 울린 것이다. 더불어 고교 시절 도서관에서 생활할 때 좋아했던 "Where there is a will, there is a way"라는 미국 속담이 떠올랐다. 이에 힘입어 흔들렸던 마음을 다시 바로잡고 더 열심히 전화에 매달렸다. 뜻이 있는 곳에 길이 있다는 믿음이 통했던지 한 업체가 내 전화를 받아주었다. 정신이 번쩍 났다. 기회를 놓칠 세라 준비한 멘트를 했다. 그날은 영어도 술술 잘 나왔다.

"나는 한국에서 오랫동안 무역 일을 해온 사람이다. 당신들이 미국에서 만들던 것을 한국에서 만들면 원가를 훨씬 절감할 수 있다고 확신한다. 책임자를 만나 소상히 설명을 하고 싶은데 전화를 연결해 달라."

그렇게 부탁하고 기다리는데 하늘이 도우셨던 것일까, 놀랍게도 게일(Gail)이라는 백인 여사장과 통화가 연결되었다. 사장은 마치 나의 전화를 기다리고 있었다는 듯 반색했다. 내일 당장 만나자는 것이었다.

사무실에서 15분 거리에 있는 중소 규모의 공장이었다. 가서 보니 재봉틀 50여 개를 두고 실내 가정용품을 디자인하고 생산하여 백화점에 납품하고 있었다. 여사장 게일은 나에게 고민을 털어

놓았다. 남미 계열 재봉사들을 고용해 생산을 해왔는데, 인건비에 비해 낮은 생산율로 고심하던 차에 나의 전화를 받았다는 것이다.

"그렇다면 내가 한국에서 생산할 수 있는 대안을 마련해 제안서를 드리겠습니다. 한국에서 생산하면 당신의 골치 아픈 문제들을 해결할 수 있다는 확신이 있습니다."

내 말을 들은 게일은 반색했다. 나에게 게일이 구원자처럼 나타났듯, 게일에게도 내가 마치 구원자처럼 나타난 것이다.

인생 첫 사업체,
코드라의 탄생

이렇게 첫 상담이 기적같이 성사되었다. 게일에게서 샘플을 건네받았다. 청둥오리를 포함한 4가지 물오리 종류의 자수 처리가 된 소파 쿠션 샘플(견본)이었다. 내가 해야 할 가장 중요한 일은 미국에서 생산하는 것보다 품질이 고급화된 한국 생산품의 생산 원가 절감을 통해 그의 사업을 성장시킬 수 있도록 도와주는 역할이었다.

사실 나는 무역업을 오래 했지만 섬유 제품은 취급한 적이 없었다. 그러나 품목에 관계없이 무역의 모든 원리는 같은 것이기에, 물오리 쿠션 샘플을 들고 당장 한국으로 갔다. 발품을 팔아 여기

오리 쿠션

저기 수소문 끝에 동대문 시장 자수 전문업체를 만나 하청계약을 할 수 있었다.

당시 국내 손 자수 봉제업은 가내수공업 형태로 주부들의 부업 거리였다. 때문에 한 곳에서 작업이 이루어지지 않아 생산관리가 쉽지 않았으나 오더 수량이 공장의 생산 규모에 맞지 않아 다른 대안은 없었다.

내 생애 첫 사업의 첫 주문이기에 나는 생산이 끝나 선적이 완료될 때까지 한국에 머물렀다. 복잡한 과정을 거쳐 품질 검사, 원부자재 재질, 납기 등에 만전을 기했고 포장 방법 등 모든 검수 절차를 발로 뛰며 직접 마무리했다.

결과는 대성공이었다. 샘플보다 품질이 월등히 우수한 제품인 것을 확인한 여사장 게일은 놀라움을 감추지 못했다. 흥분한 게일은 악수하던 내 손을 계속 흔들었다. 무슨 구원의 손길이라도 되는 것처럼 내 손을 놓지 않았다. 그녀가 선언하듯 나에게 말했다.

"당신은 하나님이 나에게 보낸 사람임에 틀림없어요!"

그러고 보니 이 모든 일의 시작과 만남, 그리고 그 결과까지 이렇게 말끔하게 마무리된 것은 아무리 생각해도 내 능력의 범위를 벗어난 하늘의 도움이었다고 인정하지 않을 수 없었다. 젊음의 패기로, 노력하면 능치 못할 것이 없으리라 믿었던 내 중심적인 잘못된 생각에 변화가 일어나게 된 것이다.

이것이 코드라(Codra Enterprises Inc.)의 시작이었다. 오리 쿠션을 시작으로 인생 첫 사업체인 코드라가 탄생되었다. 13평 사무실은 내 미래를 향한 산실이 되어 주었다. 구체적인 사업 계획서 한 장 없이 사무실에 홀로 앉아 일면식도 없는 외국인에게 일일이 전화를 걸어 이루어 낸 성과였다. 물오리 자수 쿠션으로 첫 가동을 시작한 코드라는 서서히 자리를 잡아가기 시작했다.

소파용 자수 쿠션 미션은 "내가 너와 함께하리라" (이사야 41:10)는 하나님의 뜻을 보여주신 첫 번째 이적이었다.

신앙을 갖게 된 후 돌아보니 한눈에 들어왔다. 하나님은 그분의 구원 계획에 따라 우리 가족을 출애굽시키시고 미국 남가주로 옮기셨다. 내가 믿음을 결단하기에는 장애물이었지만 세상적으로는 내 꿈이었던 대우그룹을 갑자기 떠나게 하시고, 내 마음에 가난을 심으시고 영의 눈을 뜨게 하여 하늘의 부요함을 맛보게 하셨다.

주례 목사님 앞에서 하나님께 크리스천이 되겠다는 서원을 한 이후 하나님은 나를 버리지 않으시고 이렇게 찾아주신 것이었다. 육신의 한계인 것일까? 우리는 그렇게 늘 뒤늦게 깨닫는다.

신의
영역

　인생에는 운명적인 시간이 있다. 우연히, 생각지도 못한 만남으로 인생이 바뀌기도 한다. 그런 것을 운명이라 하는지, 신의 섭리라고 하는지 우리는 알 수 없는 영역이다. 그래서 사람들은 우리가 삶 속에서 만난 우연을 '신의 예정된 영역'이라고 말하는지도 모른다.

　어느 날 LA 다운타운에서 우연히 고교 동창과 마주쳤다. 우리는 서로 얼굴을 보면서도 믿지 못했다. 대학 졸업 후 헤어졌는데 미국 LA 거리에서 다시 만나게 되다니, 어떻게 이런 일이! 학창시절 문예반 활동을 하던 친구는 나와 문학 코드가 같아 깊은 대화를 많이 나누었다. 중고등학교 6년 동안, 얼굴을 볼 수 없는 방학에는 손편지가 몇 차례나 오갈 정도로 가까웠던 절친이었다. 하와이로 이민을 떠났다는 소식을 끝으로 연락이 끊어졌는데 LA 길바닥에서 마주친 것이다.

근처 커피숍으로 가서 근 20여 년의 회포를 풀었다. 서울 미대를 졸업한 친구는 올슨 여행사(Olson Travel)라는 여행 도매업체에서 여행 카탈로그 디자이너로 일하고 있었다. 근황을 나누던 중 친구가 고충을 털어놓았다. 까딱하면 해직될 위기에 처했다는 것이다. 새로운 시즌의 카탈로그를 준비하는 예산이 100만 불 정도였는데 회사가 불경기라 예산을 70만 불로 줄이지 못하면 직원을 감원해야 할 기로에 서 있다는 것이다. 회사 사정을 말하는 친구 표정이 어두웠다.

매니저를 만나게 해줘

나는 여행사 카탈로그 제작 비용으로 100만 불이나 쓴다는 말에 깜짝 놀랐다. 인쇄에 그렇게 많은 비용을 지불한다는 것이 도무지 이해되지 않으면서도 호기심이 생겼다. 친구는 담소 중에 그저 자기 고충을 이야기했을 뿐인데 나의 뇌리 속에서는 무한한 상상력이 용솟음치기 시작했다. '아, 이거다!' 근거 없는 확신과 자신감이 솟았다.

"너희 회사 매니저를 내가 만날 수 없을까?"

"아니, 만나서 뭐 하려고?"

친구는 의아한 표정이었다.

"만나게만 해줘. 무역했던 친구이고 믿을 만하다고, 여러 분야에서 사업 경험이 풍부한 사람이니 무언가 도움이 될 만한 것이 있을 거라고, 그러니까 만나자고 했을 거라고 해. 밑져야 본전이라고 생각하고 만나보라고 네가 설득해 봐."

말도 안 되는 소리를 한다고 웃어넘기던 친구였는데 헤어진 다음날 연락이 왔다. 매니저와 약속을 잡아 놓았다는 것이다. 친구의 연락에 오히려 내가 놀랐다. 말은 그렇게 했지만 약속이 성사되리라고는 생각지도 못했다. 구체적 대안도 없는 제3자인 나를 만나도록 인도해준 손길은 대체 누구일까? 우리 인간의 상식을 뛰어넘는, 내가 미처 깨닫지 못하는 영적 권능의 역사가 아닐까?

그렇게 친구의 주선으로 약속을 잡고 가보니 미국 전체 여행업계 굴지의 규모 있는 회사였다. 여성 백인 매니저를 소개받았는데 친구와 같은 말을 했다.

"미국에서 열두 종류 전체 카탈로그를 인쇄하려면 100만 불이 든다. 예산은 70만 불로 줄었다. 예산에 맞추려면 감원할 수밖에 없다."

나는 매니저에게 정중하게 제안했다.

"솔직히 말해 나는 인쇄에 대해 아는 것이 없는 사람이다. 다만 내가 잘 아는 것은 무역 부문으로 제품의 가치나 품질의 희생 없이 풍부하고 값싼 노동력과 생산성으로 미국보다는 한결 경쟁력 있는 제품을 한국에서 만들 수 있다는 것이다. 카탈로그 샘플을 주면 내가 한국에 직접 가서 시장 조사를 하고 당신에게 결과를 가져다 주겠다. 그때 다시 만나서 협의를 해보자. 나는 70만 불 예산을 맞출 수 있는 업체를 찾을 수 있을 거라는 확신이 든다."

Why not? 손해볼 일이 없다고 판단한 매니저는 12권 세트의 카탈로그 견본을 건네주었다. 카탈로그를 본 나는 눈이 휘둥그레졌다. 일찍이 본 적이 없을 정도로 용지나 색상, 품질 등이 너무도 고급스러웠고 호화스럽기까지 했다.

과연 이 수준에 맞게 한국에서 인쇄할 수 있을까…. 순간 걱정과 함께 회의가 왔지만 여기서 멈출 내가 아니었다. 생각을 바꿨다. '이것 역시 사람이 만든 것이 아닌가.' 나의 선택은 낙관론이었다. 늘 그렇듯 남들은 포기하는 일반적인 한계점을 더 위로 끌어올리는 것, 그래서 불가능이라고 생각했던 그 지점에서 다시 시작하는 것. 그것은 내가 대우그룹에서 첫 용지 수출을 이룩했던 마닐라 출장에서부터 겪고 배운 최선의 노력과 열정의 자세였다.

70만 불짜리 첫 프로젝트

나는 즉시 한국으로 가서 인쇄소를 뒤지기 시작했다. 인쇄에 대해 아는 것이 전혀 없었지만 나에게는 단단한 신념이 있었다. 지인들과 수소문 끝에 동아출판사 정도면 인쇄할 수 있지 않을까 하는 답을 들었다. 마침 두산그룹에 재직 중이던 내 손위 처남이 동아출판사 수출부에 아는 지인이 있다며 소개를 해주어 그 길로 동아출판사를 찾아갔다.

   그런데 그곳에서는 놀라운 일이 기다리고 있었다. 마침 동아출판사는 두산그룹에서 인수하는 과정에 있었던 것. 두산 같은 대그룹이 동아출판사 같은 중소기업을 인수하기 위해 정부가 내건 조건이 바로 '해외 수출'이었다. 두산동아는 한 번도 해보지 않은 인쇄물 해외수출을 어떻게 해야 할지 난관에 부딪힌 상황이었다. 수출 때문에 골머리를 앓던 중인데 내가 미국에서 카탈로그 샘플을 들고 나타난 것이다. 실로 기적 같은 연결고리들이 그렇게 엮어져 가고 있었다.

   그렇지만 문제는 한두 가지가 아니었다. 수출 경험이 전무한 한국 인쇄업체에서 최고급 카탈로그 품질 수준을 따라갈 수 있을지 누구도 확신할 수 없었다. 하지만 개척의 길은 모험이 뒤따르는 법, 두산동아 수출팀과 머리를 맞대는 한편, 만일을 대비해 제3의 인쇄업체를 방문하여 그들의 의견을 들었다. 결론은 '한번 해보자'였다. "미국 카탈로그의 품질이 상당히 고급이라 만만치 않지만 걱정보다는 한번 부딪혀 보자. 어려우면 얼마나 어렵겠는가. 한번 해보자" 하는 투지로 마음을 모은 것이다.

먼저 TF(Task Force: 특정 업무를 해결하거나 사업 목표를 달성하기 위해 전문가 등을 선발하여 임의로 편성한 조직)팀을 꾸리고 실행에 착수했다. 우선 미국 제품의 품질을 꼼꼼하게 분석했다. 인쇄용지, 인쇄잉크, 4color가 아닌 5colors 인쇄 색상의 까다로움 등 한 번도 들어보지 못한 인쇄 공부를 해가며 '할 수 있다'는 신념을 현실로 이어갔다. 인쇄 필름도 없이 반사 필름을 만들어 판을 짜고 인쇄기를 돌린 끝에 마침내 가제본 카탈로그 샘플을 손에 넣을 수 있었다.

"아니, 어떻게 이런 샘플을 만들어 왔습니까?"

한국에서 제작해 온 카탈로그 샘플을 본 매니저는 도저히 믿을 수 없다는 표정이었다. 그도 그럴 것이 카탈로그 샘플을 제작하려면 인쇄를 위한 원고와 사진 필름이 필수인데 아무것도 없이 훌륭한 샘플을 만들어 왔기 때문이었다. 해외 인쇄 초짜 수출팀과 인쇄에 문외한인 초짜 사업가가 희박한 가능성을 무모함과 끈기와 열정으로 도전하여 최선을 다해 이루어 낸 성과였다.

우리가 만든 시제품(prototype sample)으로 기대 이상의 가능성을 보여주었지만 매니저는 여전히 믿음 반 의심 반이었다. 백만 불이라는 거액의 예산이 들어가는 일을 생전 처음 보는 동양인에게 선뜻 맡긴다는 것은 누가 봐도 무모했다. 하지만 나는 자신이 있었다. 계속 망설이는 매니저에게 다시 제안했다.

"최종 결정을 하기 전 실사팀을 꾸려 같이 한국으로 가서 확인하면 어떻겠느냐. 직접 보고 시설이나 인쇄 기술 수준이 미치지 못한다고 생각하면 없던 일로 하자. 실사에 필요한 모든 비용(항공비 & 호텔 체류 비용)은 내가 다 지불할 테니 당신과 직원 두 명이 나와 함께 한국으로 가서 직접 확인하자."

이렇게까지 확신을 주며 설득하니 그들도 더 이상 마다할 이유가 없었다. 내가 인쇄 문외한인 것은 알고 있었지만 그동안 약속 이행을 위한 치밀함과 확실함을 보았던 것이다. 그렇게 해서 실사팀과 함께 다시 한국을 찾았다. 한국의 인쇄업계를 돌아보고 동아출판사의 규모와 시설, 인쇄 용지 품질 등 까다롭게 살펴본 그들은 마침내 두산동아출판사에 여행 카탈로그 작업을 맡기기로 최종 합의했다.

한국 인쇄업계 해외 수출의 효시

기적 같은 일이었고 가슴 떨리는 일이었다. 두산동아출판사는 고급 인쇄물 80만 부 제작 수출이라는, 한 번도 해보지 못했던 큰 공정을 진행하게 되었다. 나는 모든 촉각을 곤두세웠다. 혹시라도 문제가 발생하면 즉시 해결하기 위해 밤늦게까지 공장에 머물며 혼신의 힘을 다했다. 직원들이 지치면 뜨거운 라면 국물을 함께 나누며 힘을 불어넣었다. 그 결과 성공적으로 미션을 완수할 수 있었다.

결국 올슨 여행사는 30만 불이 절감된 70만 불에 그들이 기대하는 결과물을 손에 넣을 수 있게 되었다. 품질은 물론 납기일까지 완벽하게 지켰으므로 그들은 대만족이었다. 나는 이 첫 번째 프로젝트로 나의 사업의 든든한 첫 종잣돈(seed-money)을 마련하게 되었다. 또한 두산동아는 고급 인쇄물 수출이라는 큰 공정을 마쳤다. 이 프로젝트는 한국 고급 인쇄물 해외 수출의 효시가 되었다.

인쇄 출판이라는 생소한 분야에 첫발부터 대박(!)을 터뜨린 나는 이를 계기로 미국 출판계에서 유일한 아시아인으로 입지를 굳히게 된다. 첫 사업체 코드라는, 탈(脫)대우 이후 안개가 자욱했던 나의 미래에 환한 탄탄대로를 열어주는 마일스톤(Milestone: 비즈니스 목표 달성의 이정표)이 되었다.

이렇게 탈(脫)대우 후 대책 없는 앞날의 초조함과 근심이, 첫 사업 자수 오리 쿠션에 이어 두 번째 사업 인쇄물로 전진하여 'Two down, Three to go'로 믿기지 않는 기적과 같은 업적을 달성한 것이다.

| **지금도 기억하고 있습니다**

첫 프로젝트가 인쇄물의 미국 수출의 효시가 되었기에 국가적으로도 의미가 컸고, 이에 따라 나의 자긍심도 클 수밖

에 없었다. 이후 코드라는 미국의 전문도서, 화집, 캘린더 등 많은 일감을 한국 인쇄소와 연결해주는 일을 해왔다. 코드라 덕분에 한국 인쇄 기술은 진일보하는 계기가 되었다.

지금도 한국에 가면 인쇄업계에 오래 종사했던 분들이 나를 알아보고 반가워한다. 아직도 나를 총사령(총대장)처럼 여기고 있다. 나는 알지도 못하는데 나를 알아보는 사람도 있고, 내 이름을 기억하고 찾아오는 사람도 있다. 현재 코드라 사장인 사위가 사업차 한국 출판계를 방문하면 40년이 지난 지금도 나의 안부를 묻는 사람이 있다고 한다. 나 역시 그분들을 잊을 수 없다. 이 기회를 빌려 한국의 모든 협력자 분들께 감사를 드리고 싶다.

카이로스, 하나님의 시간

살면서 뒤늦게 알게 되는 경우가 있다. 아니, 모든 인생은 나중에 되짚어보면서 비로소 깨달아 가는 것이 아닐까? 내가 어떻게 대우그룹에서 나올 생각을 했는지 생각할수록 미스터리하고 무모하기 짝이 없다. 그 어떤 절대적 섭리나 계획에 의한 것이 아니면 설명이 안 되는 일이었다.

출(出)애굽으로 시작하여 믿음의 땅으로 인도한 후, 나의 결혼 첫 서원인 '제가 예수님을 믿겠습니다'라는 그 약속을 이루시기 위해 탈(脫)대우를 계획하시고, 두 손 들고 죄인인 내 모습을 자복하고 드디어 예수님을 영접하게 하시는 하나님의 구원의 마스터 플랜이 아니라면.

낯선 땅에서 하루아침에 빈손이 된다는 것은 상상할 수도 없는 일이다. 그럼에도 그런 결정을 내리게 된 것은 우연이 아니었다. 계속 대우에 몸 담고 있는 한 격무와 함께 막중한 책임과 부담감으로 신앙생활을 할 수 있는 여유는 없었을 것이 분명했다.

'대우'라는 세상 꿈을 내려놓고서야 비로소 껍데기뿐인 내 실상을 보게 되었고 삶이 무엇인지, 생명은, 그리고 그 종착역은 어디인지 깨닫게 하셨다. 그리고 나의 영의 눈을 뜨고 영이신 하나님의 실존을 느끼게 되었다. 티끌 같은 존재인 '나'라는 한 생명을 구원하시고자 바닷가 모래알처럼 수많은 사람들 가운데 건져내 그 구원의 여정을 시작하신 것이다. 그렇게 하늘의 시간, 하나님의 시간이 다가오고 있었다.

서원의 길
―돌아온 탕자

　　한국이라는 가난하고 작은 땅에서 태어난 평범한 사내아이
　　다섯 살 나이에 전쟁을 경험한 아이
　　가장 소중한 어머니를 잃은 아이
　　누렁이의 고삐 줄을 잡고 언덕을 오르던 아이
　　학교 도서관에서 세계를 꿈꾸던 소년
　　한국 최고의 대학에서 진정한 학문을 기대한 청년
　　꿈꾸던 여자를 아내로 맞이한 젊은 가장
　　대우그룹에 입사하여 해외를 누비던 샐러리맨
　　퇴사 후 창업에 성공한 젊은 기업가

"나는 너희 중에 행하여 너희의 하나님이 되고 너희는 내 백성이 될 것이니라 나는 너희를 애굽 땅에서 인도해 내어 그들에게 종 된 것을 면하게 한 너희의 하나님 여호와이니라 내가 너희의 멍에의 빗장을 부수고 너희를 바로 서서 걷게 하였느니라"(레위기 26:12~13).

다섯 살 아이가 중년의 나이에 이르기까지 나를 향한 하나님의 시선은 한 번도 거두어진 적이 없다. 다섯 살 철부지가 겪은 전쟁 피난길의 기억. 어린아이의 눈에 들어오는 길 위의 아수라장…. 어찌된 영문인지 알 수 없었다. 피난민 행렬의 처절한 아비규환에 내던져진 채 그 먼지 가득한 길, 그 흙바다 길을 걸었다.

그리고 어머니…. 영문을 알지 못한 채 감당해야 했던 어머님의 마지막을 떠올리면 지금도 절로 눈물이 나서 흠뻑 젖는다. 그 후, 대신 어머님의 손길이 되어 주신 하나님을 인지하기까지는 너무도 오랜 세월이 흘러야 했다. 내 스스로 최선을 다한 인생을 살아왔다고 생각했는데 사실은 나를 지으신 하나님의 열심이었던 것이다. 내가 알지 못해도 하늘의 시간은 흘러가고 있었다. 그렇게 나에게 하나님의 때가 왔다.

황윤석이 만난 사람
■
김동명 목사님과 안이숙 사모님

　이집트에서 근무할 때 친했던 한국인 부부가 있었다. LA 총영사관에 있다가 이집트 카이로 총영사관으로 부임한 영사 부부였는데 신실한 기독교인들이었다. 내가 LA로 발령 났다는 소식을 들은 영사 부인이 아내에게 조언했다.
　"LA에 가시면 좋은 목사님이 계십니다. 그곳에서 신앙생활 잘 해보세요."
　좋은 목사님! 그분은 바로 LA 한인침례교회(지금의 남가주 새누리교회)를 담임하시던 김동명 목사님이었다. 목사님의 아내는 그 유명한 《죽으면 죽으리라》는 간증 책의 저자인 안이숙 사모님이셨다. 출애굽 이후 LA에서 마침내 그분들과의 만남이 이루어졌다.

아내의 세 번째 고백

단 한 사람을 구원하기 위하여

카이로에 있을 때, 미국으로 보내 달라는 이기적인 100일 기도를 포기하고 모든 것을 내려놓은 것은 하나님의 은혜였습니다. 어디든 가겠다고, 어디로 보내시든 감사하겠다고 고백하면서 나는 정말 기뻤습니다. 아무것도 바랄 것이 없었어요. 그때부터 나는 이미 천국의 삶을 살고 있었습니다. 카이로 지점장의 임무를 마치면 한국으로 돌아가는 것이 순리인데 하나님은 인생의 표지판을 돌려세우셨습니다.

누구도 예상치 못한 LA로 발령이 난 것은 온전히 하나님의 계획 안에 들어왔다는 징표였어요.

"내가 너와 함께하리라."

눈이 어두워 남편과 내가 보지 못할까 봐 다운타운 사거리에

커다랗게 써 놓으신 것 같았습니다. 브로드웨이의 어떤 큰 광고판보다 더 크게 써 놓으신 거였어요.

그럼에도 LA에 도착해서 즉시 교회에 갈 수는 없었습니다. 남편이 큰 직책을 맡은 데다가 해결할 일이 하나둘이 아니었습니다. 답답하고 힘든 상황이 계속 이어지는 바람에 시간적 여유는 물론, 정신적 여유도 없었어요. 회사 내의 알력과 내부 갈등, 구설수와 가십 등으로 살얼음판을 걷는 기분이었을 거예요. 바로 그때 하나님께서 브레이크를 걸어 주셨습니다.

"그만두어라."

지금 돌아보니 하나님이 그만둘 명분도 다 만들어 주셨어요. 치밀하고 이성적인 남편이 그렇게도 대책 없이 사표를 던지다시피 한 것은 아무리 생각해도 남편의 의지는 아니었던 것 같습니다. 남편의 뒤에는 그런 결정을 내리게 하신 하나님이 계셨던 거죠.

사표를 쓰고 두 달 동안 집에 있으면서 남편은 겸손해졌어요. 비로소 자아를 들여다보게 되었다고 할까요. 내면에 귀를 기울이게 되었다고 할까요…. 전혀 귀담아듣지 않았던 영적인 이야기나 교회 이야기를 해도 듣는 눈치였습니다. 정말 놀라운 일이었죠. 그때부터 남편은 조금씩 준비가 되어가는 중이었던 것 같습니다. 나는 하나님의 때가 가까이 왔다고 확신했습니다.

남편을 크리스천 만드는 것, 내 소원은 그것 하나였습니다. 그렇게도 간절히 원했지만 한 번도 교회 가자고 입 밖에 낸 적이 없었어요. 기도하면서 기다릴 뿐이었죠. 남편은 교회 가고 싶어도 내

색하지 않는 내가 안쓰러웠던지 두어 번 한인교회에 데리고 가기도 했지만 그뿐이었습니다. 남편의 냉철한 이성과 판단은 누구도 당해낼 도리가 없었어요.

남편이 대우그룹을 떠나 첫 사업을 시작한 지 1년이 되어갈 즈음, 김동명 목사님께 연락을 드렸습니다.

"목사님, 믿지 않는 남편을 위하여 저희 집에 오셔서 성경공부 좀 인도해 주세요."

남편이 하나님을 만나 구원 얻는 일에 영적인 지도자가 되어주십사 하는 간청을 드렸던 거예요. 그런데 이게 어찌된 일일까요! 놀랍게도 김동명 목사님은 흔쾌히 수락해주셨습니다. 그때부터 매주 집에 오셔서 성경공부를 인도해 주시게 된 것입니다.

마음이 가난한 자가
될 때까지

　전적인 하나님의 도우심으로 LA에 온 지 여러 해가 지났다. 아내는 절박했을 것이다. 남편의 구원을 위해 그렇게도 기도했는데 정작 교회 갈 꿈도 꾸지 않았으니 말이다. 내가 한창 젊고 직장에서도 승승장구할 땐 "예수 믿으세요"라는 말은 우습기 짝이 없었다. 요즘 말로 '극혐'했다고 해도 과언이 아니다.

　"盡人事待天命(진인사대천명)이라고 사람이 할 일을 제대로 다하고 그 결과는 하늘의 뜻에 맡기는 것이 아닌가."

　"사람이 힘 닿는 데까지 최선의 노력을 다하는 것이 마땅한 것이지, 기도한다고 하나님이 밥 먹여줘?"

　"내가 충분히 할 수 있는 일이 있고, 내가 그 일을 하고 있는데 뭐가 더 아쉬워서 또 무엇을 더 달라고 기도해? 자기가 해야 할 일은 안 하고 신에게 거저 달라고 비는 건 무속신앙과 다를 바 없지 않은가!"

이것이 내 솔직한 마음이었다. 이러한 상태에서 신앙을 갖기는 보통 힘든 일이 아니다. 그러나 대우그룹에서 나온 후 이런저런 심적인 고통을 겪다 보니 닫혀 있던 영의 눈이 조금씩 열리는 것 같았다. 그동안 무시해 왔던 것들을 재조명하기 시작했다. 모든 인간이 언젠가는 죽듯이 나 또한 그 길을 가리라는 것을 인정했다. 그토록 거칠고 황량했던 마음 밭이 누군가의 은총으로 서서히 개간되고 있지 않나 생각한다.

기존의 자존감과 자부심을 하나하나 깨트리며 내 정체성을 철저하게 낮추시고 마음을 비우게 하셔서 마침내 '마음이 가난한 자'가 될 때까지 나를 항복시키시는 하나님의 역사가 시작된 것이리라.

숙명의 하나님의 사절(使節)-김동명 목사님과 안이숙 사모님을 만나다

김동명 목사님이 집까지 찾아오셔서 성경공부를 해주기로 했다는 아내의 말에 어이가 없었다. 목사님이 계신 오렌지 카운티에서 팔로스 버디스에 있는 우리 집까지는 한 시간이 훌쩍 넘는 거리였다. 은퇴를 앞둔 노구를 이끄시고 프리웨이에서도 2, 30분이나 걸리는 불편한 집까지 일주일에 한 번씩 오시기로 했다니 아무리 생각해도 염치없는 부탁이었다.

그럼에도 나는 바쁘다는 핑계를 대면서 성경공부에 참여하지 않았다. 첫 사업체를 꾸려 나가던 때여서 실제로 바쁘기도 했다. 고마운 마음은커녕 그야말로 '부담 100배'였다.

'얼마나 작은 교회 목사이기에 교인 하나라도 더 얻으려 저리도 열심일까? 교인들이 얼마나 없으면 한 시간 넘게 차를 타고 오면서까지 교인 하나 만들려고 공을 들일까?'

내 잘못된 논리로는 전혀 이해를 할 수 없었다. 한 생명을 구원의 길로 인도하는 사랑과 소명 때문이라는 것을 그 당시는 알 턱이 없었다. 실제로 두 분은 모교회인 LA 한인침례교회 사역과 미국 전역의 초청 강사로, 남미 개척 교회 지원으로 몹시 바쁘신 분들이었다.

나는 그저 쓸데없는 일을 벌인 아내가 못마땅했다. 먼 곳에서 애써 집까지 오신 목사님 내외분과 마주치면 건성으로 인사하고 서둘러 자리를 피하기 일쑤였다. 그런데도 그분들은 나의 무성의한 태도에도 전혀 개의치 않으셨다. 늘 약속 시간에 오셔서 나 대신 4학년 딸과 2학년 아들이라도 앉혀 놓고 성경을 가르치는 것이었다. 믿음이 1도 없는 내 이성만으로는 이해하기 힘든 모습이었다.

'아니, 이분들은 뭐가 아쉬워서 이곳까지 와서 고생하실까? 이런 꼬맹이들이나 앉혀놓고 귀한 시간을 할애하다니…'

그렇게 몇 번 마주치다 보니 마음에 찔림이 왔다. 생면부지의 한 영혼을 구하기 위해 그 먼 길을 오가시는 이분들은 대체 누구인가…. 이분들이 믿는 하나님은 뭐하는 분이시고 이분들이 그토록 가르치고자 하는 건 대체 무슨 내용인가….

분명 나와는 다른 분들이었다. 이제껏 세상 일과 세상 책임에만 골몰했던 나였다. '이루어 내는 자만이 승리의 특권을 누릴 수 있다'는 소신으로 살아왔던 나였다. 그런 나와 달라도 너무 달랐다.

'이 세상에 이러한 삶도 있구나. 아무 조건 없이 사람을 섬기는 사랑도 있구나. 이것이 믿음을 가진 사람들이 할 수 있는 사랑이라면, 믿는다는 것은 도대체 무엇이며 또 누구를 믿는 것인가?'

어느 날 집에 돌아오니 마침 두 분은 나 대신 아이들을 가르치고 막 떠나려던 참이었다. 순결하고 티없는 미소를 지으시는 두 분과 마주치자 숨이 막혔다. 누군가 망치로 내 뒤통수를 세게 내리친 느낌이었다.

"목사님."

두 분께 깊숙이 고개를 숙였다. 아니, 저절로 고개가 숙여졌다.

"저도 성경공부 해보겠습니다."

나도 모르게 튀어나온 말이었다. 내가 말은 했지만 내가 한 말은 아니었다. 이미 나와 함께 동행하고 계셨던 구원의 성령님이 친히 내 마음과 입술을 주장하신 것이리라. 그때를 떠올릴 때마다 머리 위에 숯불을 얹은 것처럼 부끄러움으로 화끈거린다.

신앙을 갖게 된 후 비로소 알게 되었다. 하나님은 그분의 구원 계획에 따라 우리 가족을 출애굽시키시고, 미국 남가주로 옮기시고, 그 분주한 삶의 전쟁터 같던 대우그룹을 갑자기 사임하게 하시며, 그분의 때를 열어 가시는 변곡점 한가운데에 나를 세워 놓으신 것임을.

한결같은 두 분의 모습을 거울삼아 나 자신을 비추어 보게 되었다. 그런데 거울을 들여다보면 볼수록 가슴 아픈 자각이 왔다.

> 파란 녹이 낀 구리 거울 속에
> 내 얼굴이 남아 있는 것은
> 어느 왕조의 유물이기에
> 이다지도 욕될까
>
> —윤동주 〈참회록〉 중에서

윤동주의 거울은 바로 신이었다. 윤동주처럼 나 역시 구리 거울에서, 목사님 내외의 모습에서 나의 죄를 읽어냈다. 단번에 알 수 있었다. 죄로 얼룩졌던 자아. 신이라는 거울은 얼굴을 비추는 게 아니라 내면과 양심을 비쳐낸다. 이제까지 보이지 않았던, 나조

차도 인식하지 못했던 부끄럽고 욕된 자아를 내 눈으로 분명히 보았다. 보면 볼수록 하나님께 부끄러웠다.

| 하나님께 빚진 자, 김동명 목사님

《죽으면 죽으리다》의 저자 안이숙 사모님의 동반자이며, 코리안 디아스포라의 빛이었던 김동명 목사님. 하나님의 심정으로 살았고 평생 자신을 '빚진 자'라고 칭하며 하나님의 크신 은혜에 보답하기 위해 LA 모교회와 남미 개척교회를 위해 평생을 애쓰신 분이다. 한 생명을 구원하기 위한 희생적 사랑 때문에 우리 집까지 찾아오시는 것도 모르고 가볍게 평가해버린 나를 생각하면 쥐구멍이라도 들어가 피하고 싶은 마음뿐이었다. 김동명 목사님의 시선은 오직 한 영혼, 하나님이 찾으시는 잃어버린 영혼을 말씀으로 세우는 데 있었다. 그래서 미국 대형 한인교회 목사님이 된 이후에도 한 영혼을 찾아 말씀이 필요한 곳은 어디든 다녔다. '어디든' 찾아다니셨던 그곳 중 한 곳이 바로 우리 집이었고 구원의 대상은 바로 불손했고 불충했던 나였다. 목사님께, 사모님께 그리고 하나님께 나는 죽어도 갚을 수 없는 '사랑에 빚진 자'였다.

15년 만의 귀향,
돌아온 탕자의 비유

　김동명 목사님과의 성경공부는 누가복음의 '돌아온 탕자' 이야기로 시작되었다. 기독교인이라면 누구나 알고 있는 성경 속 이야기였지만 기독교 교리에도 문외한이고 성경도 읽어보지 않은 나로서는 너무도 생소한 이야기였고 도저히 납득할 수 없는 이야기였다.
　한 남자가 아버지의 유산을 미리 받아 부자간의 연을 끊고 집을 떠났다. 그는 타락한 세상에 빠져 흥청망청 유산을 모두 탕진했다. 결국 돼지치기를 하며 돼지가 먹는 쥐엄나무 열매로 끼니를 때우며 짐승보다 못한 삶을 살다가 병든 육신과 죄책감만 남은 채 아버지에게 돌아가기로 결심한다. 화려한 옷을 입고 보라는 듯

집을 나설 때와는 전혀 다른 모습으로 찢어지고 구멍이 뚫린 옷에 맨발이었다. 비참하게 돌아온 아들을 발견한 아버지는 한달음에 달려와 끌어안는다.

아버지에게 아들이 간청한다.

"아버지, 제가 하늘과 아버지께 죄를 지었습니다. 저는 아버지의 아들이라고 불릴 자격도 없습니다. 그냥 저를 아버지의 품팔이꾼 가운데 하나로 써주십시오."

그러나 아버지는 방탕한 삶을 살다가 파산해서 굶어 죽기 직전에야 집으로 기어들어온 아들을 끌어안고 뺨을 비비며 기뻐한다.

"나의 아들이 죽었다가 다시 살아났고, 내가 잃었다가 다시 찾았다. 잃어버린 아들을 도로 찾았으니 살진 송아지를 끌어다가 먹고 즐기자. 어서 가장 좋은 옷을 가져다 입혀라."

I was blind, but now I see.

이 무슨 말도 안 되는 소린가! 당장 내쫓아도 시원찮을 불효막심한 자식을 위해 잔치까지 베풀다니! 그런 패역한 아들을 날마다 문밖에 서서 기다리고 마침내 집으로 돌아온 아들을 완전한 용서와 사랑으로 받아들이는 아버지. 나는 혼란스러운 충격에 휩싸였다.

'어떻게 이런 사랑이 가능하단 말인가!'

그런데 잘못을 깨닫고 아버지 집으로 돌아온 것으로 모든 것을 받아준 그 용서와 사랑이 바로 하나님의 사랑이라는 것이다. 나의 영혼은 완전히 말씀에 사로잡혔다. 하나하나 정확하게 짚어 주시는 목사님의 말씀을 듣는 순간 내 영의 눈이 떠졌다. 모든 게 순간적이었다. 장님처럼 이제껏 전혀 볼 수 없었던 하나님이 보였고 하나님의 세상이 보였다. I was blind, but now I see.

이제껏 내 힘으로, 내 능력으로 가정을 돌보며 열심히 살아온 줄 알았는데 아니었구나! 하나님의 손길이, 하나님의 보호하심이, 하나님의 은혜와 사랑이 나의 삶 고비마다, 갈림길마다 나를 좋은 곳으로 이끌고 계셨구나!

비로소 탕자를 얼싸안은 아버지의 마음을 깨달았다. 어린 나이에 어머니를 잃고 줄곧 사랑의 결핍 속에 자란 나에게, 외롭고 힘든 순간마다 찾아와 보이지 않는 손으로 나의 힘이 되어 주시며 사랑이 되어 주신 바로 그 주님의 사랑이었다. 내가 그토록 갈망했던 어머니의 사랑을 뛰어넘는 하나님의 사랑이 나를 이끈 것이었다. 나의 알량한 지식, 이성, 논리, 경험으로는 도저히 설명할 수 없는 하나님의 사랑이었다.

고모 댁에서 소를 치던 내가 서울로 올라온 것도, 김우중 회장을 만난 것도, 마닐라 호텔 방에서 옐로우 북을 발견한 것도, 테헤란 공항에서 탈출한 것도, 카이로에서 LA로 보내주신 것도 모두 하나님의 뜻이고 은혜였구나!

그 무엇보다 15년 전 이화여대 채플 결혼식에서 하나님께 "제가 믿겠습니다"라고 한 그 약속을 15년이나 지난 지금까지 나를 불쌍히 보시고 사랑으로 나를 기다려 주신 것이었다. 이제 때가 되어 이루어지게 하셨구나!

이렇게 해서 나는 비로소 크리스천이 되었다 15년 전의 서원을, 그 약속을 마침내 지키게 되었다. 죄책감과 은혜가 사무치는 날이었다.

| 하나님께 용서받은 탕자

김동명 목사님을 설명할 때, 나에게는 빼놓을 수 없는 두 가지 단어가 있다. 하나님의 심정과 용서받은 탕자. 그는 대부분의 사람이 알고 있는 누가복음 15장의 '돌아온 탕자'를 '용서받은 탕자'로 바꾸어 불렀다. 탕자로 지칭되는 죄인들이 하나님께 돌아온 것만이 아니라 자신이 용서받은 걸 깨달아야 하기 때문이다. 그 탕자가 하나님의 심정을 깨달을 때, 비로소 용서받은 탕자가 된다고 했다.

김동명 목사님이 평생 외친 목소리는 지금을 살아가는 우리에게 깊은 울림을 준다. 이 시대는 텔레비전을 켜거나 핸

드폰을 열기만 해도 수많은 설교가 넘쳐난다. 그럼에도 불구하고, 죄인 된 우리를 구원하시기 위해 독생자 예수를 우리 대신 십자가에 못 박으신 하나님의 사랑을 그렇게 열정적으로 외치시며, 하나님의 심정으로 그 말씀대로 일생을 살아내신 분은 많지 않다.

수많은 교회 중 그렇고 그런 하나의 교회가 아닌, 말씀으로 양을 먹이고 목자로 키우는 교회를 세우고자 온 인생을 바친 김동명 목사님의 삶은 이 시대를 살아가는 우리에게 깊은 귀감이 된다.

영문 밖의
길에 흘린 눈물

　그 후 얼마 지나지 않은 아침 출근길이었다. 사무실 물건도 옮겨야 해서 큰 차가 필요했다. 미니 밴을 몰고 사무실로 향하는데 거리의 늦가을 풍경이 아름다웠다. 노란 은행잎이 바람에 나부끼고 길바닥에는 떨어진 낙엽이 수북했다. 가을의 절정을 뽐내는 듯한 매혹적인 풍경이었다. 운전대 앞 차창에 노란 은행잎 하나가 달라붙었다. "하이~" 나에게 미소 짓고 손짓하는 듯했다.

　그날 이후 세상이 변했다. 낙엽도 풀잎도 나뭇가지도 단풍도 하다못해 길을 지나는 강아지까지도 모두 나를 보고 미소 짓는 것 같았다. 세상은 눈부셨고 환했고 아름다웠다. 차창에 붙었다 떨어졌다 하면서 손짓하는 듯한 은행잎을 보다가 운전석 앞 오디

오에 걸쳐 있던 카세트 테이프를 밀어 넣었다.

무심코 밀어 넣은 카세트 테이프에서는 생전 처음 들어보는 노래가 흘러나왔다. 평소 듣던 노래와는 사뭇 다른 분위기였다. 뭐야. 찬송가잖아. 그렇게 몇 소절 듣는데 순간, 온몸에 전율이 돌았다.

영문 밖의 길

- 주기철 목사님 작사

서쪽 하늘 붉은 노을 영문 밖에 비춰누나
연약하온 두 어깨의 십자가를 생각하니
머리에는 가시관 몸에는 붉은 옷
힘없이 걸어가신 영문 밖의 길이라네
…

눈물 없이 못 가는 길 피 없이 못 가는 길
영문 밖의 좁은 길이 골고다의 길이라네
영생복락 얻으려면 이 길만은 걸어야 해
배고파도 올라가고 죽더라도 올라가세
….

이상한 일이었다. 가사 하나하나가 마치 영상처럼 내 눈앞에 그대로 펼쳐졌다. 내가 마치 2,000년 전 골고다 언덕에 서 있는 것 같았다. 바로 앞에서 예수님이 십자가를 지고 멸시와 천대를 받으며 나 대신 고난의 길을 걸어가고 계셨다. 아무 공로도 없고 죄 많은 탕자인 나 같은 죄인을 살리시겠다고 그 험한 십자가를 지시고 골고다 높은 고개를 넘어지며 쓰러지며 걷고 계신 것이다. 눈앞에 펼쳐진 광경 앞에서 나는 꼼짝도 할 수 없었다. 나 때문에, 바로 이 패역한 나 때문에 예수님이 피 흘리며 고통 속에서 저렇게 걸어가시는구나….

나도 모르게 눈물이 쏟아졌다. "예수님, 감사하고 죄송합니다." 걷잡을 수 없이 눈물이 쏟아졌다. 나는 계속 울었다. 눈물이 앞을 가려 더 이상 운전을 할 수 없었다. 계속 노래를 돌려서 듣고 또 들었다. 듣는 내내 주체할 수 없는 눈물이 얼굴과 셔츠를 적셨다. 어찌나 눈물이 흐르는지 사무실에 왔는데도 들어가지 못하고 오래도록 주차장에 머물렀다.

기독교에 대한 편견으로 가득 차 있고, 교회나 목사에 대해 잘 알지도 못했던 나를 끝까지 기다려 주신 하나님은 나에게 김동명 목사님과 안이숙 사모님을 보내주셨다. 영적 소경인 나에게, 모든 것을 내 방식대로 이해하고 해석했던 나의 돌 같은 마음에, 이 두 분이 하나님을 대신하여 나에게 결핍되어 있는 모성과 부성을 채워주셨다. "LA에 가면 좋은 목사님이 계셔요. 꼭 만나 보세요." 하나님은 나를 위해 이집트 영사 아내까지 도구로 사용하셨다.

주차장에서 눈물을 닦으며 기도했다.

"하나님, 이제 겨우 눈을 떴습니다. 다시는 장님처럼 허무하게 살지 않게 해주십시오. 저 두 분들처럼 하나님께 빚진 자로 남은 인생을 살게 해 주십시오."

주차장에서 두렵고 떨리는 마음으로, 또한 감격으로 하나님 사랑에 대해 오랫동안 묵상했다.

그렇게 해서 마침내 예수님의 사랑의 세레나데 앞에서, 그동안 예수를 외면해왔던 나의 반평생의 삶을 돌이키게 되었다.

사모곡이 바뀌다

주기철 목사님이 작사하신 '영문 밖의 길'에서 나는 다시 한번 예수 그리스도의 사랑을 알게 되었다. '아픈 다리 싸매 주고 저는 다리 고쳐 주사 보지 못한 눈을 열어 영생 길을 보여주니.' 아, 그렇구나! 그랬구나! 나의 어린 시절 그리고 청년기에 이를 때까지 한결같이 자상하고 신비롭게 나의 인생을 살피고 도왔던 그 손의 정체가 무엇인지 깨달았다.

지나온 세월 속에 일어났던 이해하기 어려운 수많은 기적 같은 일들을 일찍 세상을 떠난 어머니의 도움이라 생각했는데 사실은 어머니를 대신해서 나를 살피고 도우신 예수 그리스도의 손길이었음을 비로소 알게 되었다. 삶의 굽이굽이마다 어머니가 계셔야 했던 자리는 주님께서 나의 걸음을 고쳐 주시고, 길을 내어 주셨다는 사실을 그제야 눈을 뜨고 선명하게 보게 된 것이다.

늘 어머니를 그리워하던 나의 사모곡은 이제는 주 예수 그리스도를 향한 사모곡으로 바뀌게 되었다. 사랑하던 어머니의 손길은 마침내 나를 예수 그리스도의 손에 넘겨주셨고, 나는 그 주님과 손잡고 주님과 동행하는 삶을 시작하게 되었다.

눈에 보이는 게 다가 아니었다. 눈앞에 확실하게 보이는 비즈니스 사업과 비즈니스 세계만 알던 나에게 주님의 사랑이 가득 찬 새로운 세계를 보여주셨다. 새로운 세계. 어린 일곱 살, 야학에서 글을 깨우치고 땅만 바라보며 글 적힌 종이를 찾던 나였다. 이제껏 글을 읽으려고, 사업을 잘하려고 땅을 살폈지만 이제는 영원의 세계를 찾기 위해 하늘을 올려다보며 살게 된 것이다.

이것은 15년 전 그 첫 번째 서원의 성취였다. 땅의 것을 찾으려고, 땅의 것을 소유하려고 바쁘게 사느라 잊고 살았던 하나님과의 약속이 이제야 이루어졌다. 그 모든 것은 하나님의 섭리였고 하나님의 열심이었다.

안이숙 사모님의 장례 집행위원장이 되다

LA 한인침례교회 교인이 되어 두 분을 모시고 신앙생활을 하던 중 안이숙 사모님이 먼저 천국으로 떠나셨다. 마치 어머니처럼 모셨던 분이어서 상실의 슬픔이 컸다. 그런 나에게 장례 집행위원장이라는 중임이 돌아와 마지막 가시는 길을 세심하게 챙겨드렸다. 나에게 베풀어 주셨던 은혜를 생각하면 말할 수 없이 안타깝고 서운하고 슬픈 헤어짐이었지만 그토록 사랑했던 하나님 품으로 가셨으니 축복의 길이었다고 확신한다.

열혈신자의 성경공부

김동명 목사님이 1957년에 개척하신 LA 한인침례교회(2018년 새 성전을 건축하면서 'BSBC: 남가주 새누리교회'로 변경)를 출석하게 되면서 BSBC는 나의 믿음의 고향이 되었다.

김동명 목사님이 은퇴하시고 후임으로 박성근 목사님이 부임하셨다. 서울대를 졸업하시고 텍사스의 남침례 신학대학원을 나오신 분이다.

정통 신학 박사인 목사님의 지도하에 체계적인 성경공부가 시작되었다. 나는 얼마나 배우는 게 즐겁던지 매시간이 꿀맛 같았다. 그 오랜 시간 동안 고집스러웠던 불신앙의 부끄러움에 더욱 내 심령이 가난해지고 비워져 성경 말씀이 더더욱 쏙쏙 들어왔는지도 모르겠다. 나의 가난한 심령에 하나님의 사랑이 들어오고, 하나님의 말씀이 들어왔다.

김동명 목사님은 사랑으로 내 얼어붙은 마음을 녹이셨다면, 박성근 목사님은 깊이 있는 성경공부와 제자훈련으로 내 믿음의 눈을 열어 주셨다.

믿음의 눈으로 본 아내

 사실 내가 배우자를 선택할 땐 아직 크리스천이 아니었다. 따라서 배우자의 필수요건 가운데 신앙인이어야 한다는 항목은 없었다. 일찍 어머니를 잃은 나는 모성애에 대한 향수와 결핍이 있었다. 그래서 무엇보다 나를 이해하고 어진 마음과 사랑, 그리고 현명한 덕을 지닌 사람이길 원했다. 처음 본 순간부터 '이 사람이다'라고 확신한 지금의 내 배우자는 내가 바라던 배우자상과 거의 일치했다. 그래서 하나님을 믿게 된 후에는 '여호와 이레'를 고백하지 않을 수 없었다.

 '하나님이 나를 위해 예비하셨구나.'

 그렇지 않았다면, 어떻게 나의 반려자를 명동길 그 수많은 군중들로 붐비는 장소에서 만날 수 있었을까? 아내와의 만남은 우연이 아니라, 아담과 하와를 창조하시고 축복하셨던 하나님의 권능과 섭리의 작용이었으리라. 이러한 만남은 하나님의 무한한 지혜 속에서 이미 정해진 길이었고, 하나님의 세밀하신 손길이 역사하신 결과라고 믿는다.

백 퍼센트 완벽한 배우자는 없다. 그러나 '행복한 가정'이라는 어려운 과제를 풀어가기 위한 서로의 희생과 인내, 그리고 사랑은 참으로 귀하고 귀한 삶의 앨범 속 사진들이다. 내가 이 땅에서의 삶을 다한 후 하나님 앞에 섰을 때 책망은 면하지 않겠나 믿으며 50년 넘게 살고 있다. 색이 바랜 흑백의 사진이거나, 또는 흐트러진 구도의 사진이거나, 아니면 형형색색의 무지개 빛깔 같은 사진이거나, 그럼에도 내 인생 끝까지 잘 지켜온 그 마음을 미쁘시게 보시는 우리의 하나님이시기에.

아내의 찬양

내 마음의 인생 정원

캄캄하고 공허하여 혼돈으로 갈 바를 몰랐던
내 마음에 빛으로 찾아오신 주님!
밝은 빛으로 갈 길을 환히 비춰 주시고
참 사랑을 가르쳐 주시고 늘 동행해 주시며
가족 구원의 소명과
천국의 소망으로 채워 주신 주님!

어려움을 참으라 하시고
기뻐할 수 없을 때에도 기뻐하라고 하시며,
지치고 힘들 때 안아 주시고 힘을 주시며
걱정과 두려움을 맡아 주시는 주님!

참으로 출애굽의 기이한 일을 행해 주시고
좋은 길로 인도하시며
생육과 번성의 복도 주시고
구원의 축복을 채워 주신 주님!

복잡하고 소란한 세상살이에서도
긴 고난의 터널을 걸을 때에도
출렁이는 마음의 요동을 토로하게 하시며
깊은 은혜의 바다로 인도하시어 등을 쓰다듬으며
십자가의 그늘 아래 평강으로 채워 주신 주님!

늘 감사드리며 주님을 뵐 때까지
뜨거운 감사와 찬양을 드리리이다.
세세토록 영광과 존귀를 받으시옵소서.

4장

나의 에벤에셀, 아발란치

아발란치(Avalanche)는 출판 사업이었다.
출판 사업의 매력은 '창의적 아이디어'가
곧 자본금이라는 점이었다.
기업에서의 현금 자본은 쓸수록 고갈되지만
아이디어 자본의 창의적 상상력은
쓰면 쓸수록 더욱 풍성해지고 빛을 발한다.
출판 사업은 나와 아주 잘 맞았다.
특히 나처럼 사업 자금도 부족하고
값비싼 백인계 고급 인력 확보에 어려움을 겪는
이민 1세대 사업가에겐 두뇌 싸움 곧 '창의적 아이디어'로
승부하는 출판 사업이 제격이기도 했다.

아발란치 퍼블리싱의
탄생

　믿음의 감격 속에서 하루하루가 지나가는 동안 첫 회사 코드라도 자리를 잡고 안정되어 갔다. 코드라는 미국 내 유명 출판사들과 아시아 지역 인쇄업체들을 연결하고 생산, 구매, 관리 업무를 대행해 주는 무역업이 그 주된 업무였다.

　박물관 사진첩이나 아트 북 등 소재나 작업 사양이 까다로운 출판물을 인쇄하는 과정에서 미국 출판사들에게는 해외 발주 작업에 필요한 복잡한 업무의 애로를 덜어주고, 한국 인쇄업체들에게는 그들이 하기 어려운 해외 고객 유치와 품질 관리를 도와주는 기능을 감당했다.

　특히 코드라는 당시 인쇄물의 해외 수출은 손도 대지 못하고 있던 한국 인쇄업체들에게 해외 인쇄물 영업의 개척자 역할을 톡톡히 했다는 자부심이 있다. 분명 의미 있는 사업이었지만, 나는 보다 독립적이면서 창의적인 사업을 꿈꾸고 있었다. 즉 나의 아이디어로 개발된 제품으로 뉴욕에 본거지를 두고 있는 미국 주류 출판업체들과의 경쟁에 뛰어들고 싶었던 것이다. 그렇게 해서 코드라 설립 4년 만인 1990년, 두 번째 회사 아발란치를 창업하게 된다.

아발란치(Avalanche)는 출판 사업이었다. 출판 사업의 매력은 '창의적 아이디어'가 곧 자본금이라는 점이었다. 기업에서의 현금 자본은 쓸수록 고갈되지만 아이디어 자본의 창의적 상상력은 쓰면 쓸수록 더욱 풍성해지고 빛을 발한다. 출판 사업은 나와 아주 잘 맞았다. 특히 나처럼 사업 자금도 부족하고 값비싼 백인계 고급 인력 확보에 어려움을 겪는 이민 1세대 사업가에겐 두뇌 싸움 곧 '창의적 아이디어'로 승부하는 출판 사업이 제격이기도 했다.

| 아발란치의 의미

아발란치는 '눈사태'라는 뜻을 담고 있다. 아발란치로 회사 이름을 정한 이유는 눈사태처럼 주위에 큰 영향을 미치

> 겠다는 취지였다. 눈사태는 부정적인 의미도 있지만 내가 초점을 맞춘 것은 산사태의 위력적인 임팩트였다. 그래서 아발란치의 로고는 산처럼 세모꼴이다. 나에게는 산사태만큼 거대한 비전이 있었다. 백인 주류층이 주도하는 지식문화사업인 출판업계에 '눈사태'를 일으키는 한국인이 되겠다는 비전이었다.

아발란치는 내가 하나님을 만난 후 설립했기 때문에 나에게는 '에벤에셀'(Ebenezer, '도움의 돌'이라는 뜻의 히브리어. 하나님의 도움으로 승리했다는 의미)과 같았다. 뉴욕에 거점을 두고 있는 대형 출판업체들은 그들의 탄탄한 자금력과 백인 엘리트 전문 인력, 그리고 오랜 역사와 전통의 유명 브랜드로 대중들에게 확고한 입지를 구축하고 있었다. 때문에 그 틈을 비집고 경쟁해야 한다는 것은 어찌 보면 무모해 보이기도 했을 것이다.

그러나 나에게는 하나님이 주신 달란트, 곧 분석력과 창의력이 있었다. 나는 어릴 때부터 문제가 생기면 남들과는 전혀 다른 방식으로 해결하곤 했다. 다른 사람들은 포기하고 손도 대지 않을 일들이 내 눈에는 기회로 보였다. 사람들이 포기하는 그 지점은 바로 내가 시작하는 지점이었다. 그런 일들은 나에게 몇 배의 성취감을 선물했다. 브레인 속 무한한 상상력이 무기인 머리 싸움에서 이길 수 있다는 자신감, 그것은 학창 시절 탐독했던 세계 문학이 준 영향력이고 꿈이었다.

세 명이면 충분하다

미국에서 이민 1세대로 사업을 시작한다는 것은 쉽지 않은 일이다. 코드라를 시작할 때는 자본금에 대한 큰 부담이 없었지만 아발란치에는 투자 비용이 많이 들어갔다. 디자이너, 에디터 등 여러 직원도 뽑아야 하고 상품을 개발해야 했다. 또한 상품 개발 과정에 필요한 경비도 자력 조달해야 하고 시제품을 만들었다 해도 투입된 자금이 회수되기까지는 긴 시간이 필요했다. 그럼에도 혁신을 기치로 한 아발란치는 내 적성에 잘 맞았다.

아발란치 초기 멤버는 나와 백인 청년 짐(Jim), 그리고 대학을 갓 졸업한 한인교포 여학생이었다. 크리에이티브 디렉터로 채용한 짐은 여자처럼 머리를 길게 기르고 옷도 대충 걸치고 다녔다. 이른바 히피 세대였다. 짐은 대학 졸업 후 배낭 하나만 메고 아프리카와 인도 등을 6개월간 여행을 했다고 한다. 활짝 열린 자유로운 사고방식을 가진 미술 전공자여서 내 요구 조건에 딱 맞아떨어졌다. 나는 아이디어가 떠오르면 곧바로 짐에게 설명해주었다.
"내가 이러이러한 것을 생각했는데 네가 한번 시각화해 봐."

짐은 어떤 구상이라도 컴퓨터를 이용하여 모양을 만들고 색상을 입혀 보여주었다. 그러면 내가 보고 수정할 곳과 보강할 것을 지시했다. 짐은 정말 유능한 크리에이티브 디렉터였다.

사실 나와 짐, 이렇게 둘이서도 실무를 충분히 해낼 수 있었기 때문에 굳이 직원을 더 둘 필요는 없었다. 그런데 같은 교회에 다니는 교인이 딸의 취직을 부탁해왔다. 캘리포니아 주립대학을 나온, 한국어를 못하는 이민 2세 여학생으로 회사 근무는 당연히 처음이었다. 나는 그녀에게 마케팅 원리, 도소매 시장 원리, 상품 판매의 기본 원칙 등을 기초부터 하나하나 가르치고 훈련시켰다.

처음과 끝을 같이 한 레이 부부

어느 날 여직원이 남자 친구 취직을 부탁해왔다. 그녀가 데리고 온 남자 친구 레이(Ray)는 자유분방한 서부 스타일의 이탈리아계 남자였다. 미국 서부는 동부에 비해 실용적이고 개방적이라 옷차림이나 사교, 예법 등이 동부와는 거리가 있다. 레이는 서부의 전형적인 카우보이 기질을 이어받은 청년이었다.

그런데 재미있는 것은 레이는 말이 아주 많고 말하기를 즐긴다는 것이었다. 영락없는 세일즈맨 스타일이었다. 말만 많이 한다고 세일즈를 잘하는 건 아니지만 훈련만 제대로 받으면 잘할 가능성이 보였다.

"그래, 좋아. 아직 갈 길이 멀고 바꿔야 할 게 한두 가지가 아니지만 차근차근 한번 해보자. 잘못 배워서 고치기 어려운 것보다 백지 상태에서 훈련하고 습득하는 것이 오히려 나을 거야. 코드라에 가서 세일즈 일을 해 보게나. 레이, 잘 듣게. 겸손한 마음으로 열심히 성실하게 잘 배우면 언젠가 코드라의 영업책임자도 될 수 있을 걸세."

이렇게 해서 여직원과 레이 두 사람은 모두 내가 운영하는 회사에 취직했다. 나중에 아발란치가 커지자 코드라에 있던 레이도 아발란치로 데려왔다. 이 두 사람은 아발란치 주요 고객 영업에서 나중에는 큰 역할을 하는 위치까지 성장했다.

아발란치 첫 번째 프로젝트

첫 번째 프로젝트는 캘린더였다. 우리는 먼저 시장 정보를 수집했다. 미국 양대 서점인 반스 앤 노블과 보더스 북 스토어, 그리고 선물용품 소매상에서 팔리고 있는 일반적인 캘린더의 실태를 분석했다. 그리고 사용자의 관점에서 장단점을 분석하고, 편리성과 시각적 디자인 요소 그리고 소비자 관점에서 추가할 기능들을 연구했다.

차별화된 우리만의 독특한 캘린더를 제작하기 위한 아이디에이션(ideation) 작업에 근 3개월을 투자했다. 그 결과 기존의 캘린더와 확연히 구별되는 캘린더를 디자인할 수 있게 되었다. 당시 흑백 벽걸이 스타일의 못난이 캘린더에서 탈피한, 산뜻하고 실내장식 친화적이며 고급화된 이미지에, 인포테인먼트(infotainment) 기능이 강화된 새로운 형태의 캘린더였다.

일력과 월력, 공간과 함께 다양하고 유익한 정보를 제공하고, 입체적 일정 관리와 사용자의 취향에 맞는 여러 기능과 고급 사진이나 아트(Art) 작품으로 구성된 200여 종이 넘는 다양한 캘린더다. 이렇게 캘린더에 대한 인식을 바꾸어 놓았다는 업계의 평을 듣게 된 것이다. 우리 제품은 시장에 나오자마자 많은 고객들의 시선을 사로잡았을 뿐 아니라 서점, 문구상에서도 주목하기 시작했다. 예상 밖의 큰 호응이었다.

우리는 직접 거래합니다

창업 초기에는 이런 일도 있었다. 그 당시 미국 내 두 번째로 큰 (전국에 600여 개 지점) 체인 서점 그룹인 '보더스 북'의 바이어 연락을 받았다. 모든 출판사들이 보더스 북 스토어와 거래를 시작하기 위해 애를 쓰지만 상담 약속을 받기가 보통 까다로운 것이 아닌데 그쪽에서 먼저 우리 회사로 직접 전화를 준 것이었다. 말인즉슨 우리 제품은 마음에 들지만 신생업체여서 아직은 직접 거래할 수 없으니 이미 등록된 기존 거래선(registered supplier)에 물건을 판 후, 그쪽에서 물건을 가져오게 하라는 요구였다.

한마디로, 우리 제품을 '다른 회사 제품에 끼워서 팔라'는 간접 거래 요청이었던 것이다. 나는 그렇게는 팔 수 없다고 거절했다. 자존심이 걸린 문제였다. 이민 1세 마이너리티 오너의 입장에서 그런 결정을 내렸다는 것은 지금 생각해도 엉뚱하고 놀라웠다. 예상치 못한 답변에 당황한 바이어는 내 생각을 이해하지 못하고 오히려 설득했다. 물건을 판다는 것이 중요하지 누구를 통해 판다는 것이 뭐가 중요한가.

나는 확고했다.

"창의적인 아이디어와 격이 다른 품질로 개성 있게 만든 제품을 다른 회사에 끼워 팔 수는 없습니다."

계속된 바이어의 설득에도 나는 굽히지 않았다. 나름대로 자부심을 가지고 만들었는데 작은 회사라고 직접 거래를 못한다는 것은 자존심이 걸린 문제였다. 몇 번의 실랑이 끝에 바이어는 어쩔 수 없이 두 손을 들었다. 그만큼 제품이 마음에 들었던 것이다. "오케이. 등록해드리겠으니 회사로 오십시오."

이렇게 해서 보더스 북 스토어를 방문하게 되었다. 보더스 측 임원들과 바이어가 이런저런 질문을 했고 나는 당당하게 설명했다. 늘 그렇듯, 나는 기죽을 것도 꿀릴 것도 없었다. 우리 제품에 대한 자긍심이었다. 나의 설명을 듣고 감동한 부사장은 제품에 대한 칭찬과 함께 오히려 더 많은 물량을 주문했다. 전혀 기대하지 않았던 놀라운 결과였다.

캘린더 엠파이어로
우뚝 서다

　한국에서는 캘린더로 돈을 벌고 성공한다는 것이 그리 와 닿지 않겠지만 미국은 달력에 대한 인식이 한국과 많이 다르다. '캘린더 엠파이어'라고 불릴 정도로 캘린더를 좋아하고 실내 인테리어의 하나로 생각한다. 기업에서 공짜로 캘린더를 주지도 않는다. 때문에 각자 취향에 맞는 캘린더를 골라서 구매한다.

| 김영삼 대통령 내외분 자택 방문 티타임

　퇴임하신 김영삼 대통령 내외분이 잠시 우리 어바인 집에 들러 티타임을 가진 적이 있다. 어바인 베델 교회 손인식 목사님과 제3세계 문서 선교를 의논하기 위하여 장소를 물색하시던 중이어서 우리 집을 제공해 드렸다. 이 또한 귀한 인연의 기억이다. 은퇴하시고 미국 따님 댁을 거쳐오신 대통령님께서는 시종 여유롭게 이런저런 대담을 진행하셨다.

아발란치 차별화 전략

　그동안 아발란치가 만든 캘린더 종류만 해도 매년 200여 종에 달한다. 벽걸이 캘린더, 데스크 캘린더, 포켓 캘린더, 월간·주간·일간 캘린더, 동물·예술·여행 등 특정 주제나 취향에 맞게 디자인된 테마 캘린더 등 그 종류는 셀 수 없다. 그리고 이 모든 제품의 핵심은 혁신적인 창의력에서부터 출발한다.

　새 제품을 기획하기 전 가장 먼저 'New Product Birth Statement' (신제품 출시 사명서)를 작성해야 한다. 왜 이 제품을 출시하는지 마치 사명 선언을 하듯 명확하게 밝히는 게 우선이었다. 그래야 새상품으로서 존재 가치가 있다는 것을 나는 늘 강조했다. 기존 제품과의 차별화, 기능성, 효율성, 창의성, 예술성 등을 망라했다. 싼 가격보다는 트렌드에 맞는 참신한 디자인에 초점을 맞춘 것이다.

이를 위해 세계 패션을 선도하는 뉴욕 시장에서 매년 제시하는 패션, 주제, 색상 등을 파악하여 우리 디자인의 소재나 방향을 선정했다.

'오프 더 월 캘린더'(off the wall calendar)는 아발란치가 창안한 획기적인 캘린더. 이 또한 차별화 전략의 하나였다. 처음 내가 이 말을 사용했더니 미국인들은 그 뜻을 이해하지 못했다.

"오프 더 월 캘린더라고? 무슨 소리야? 그건 말도 안 돼!"

그러나 아발란치는 '오프 더 월 캘린더'(특이하고 비범하다는 뜻)로 성공했다. 오프 더 월 캘린더라는 새로운 용어가 상용화되지 시작했고 얼마 지나지 않아 오프더 월 캘린더는 아발란치의 대명사처럼 되었다. 그 후 아발란치에서 신상품이 나왔다 하면 동종업계에서는 베끼기에 바빴을 정도였다.

노트 누크(note nook), 우리가 시작한 이 이름이 지금도 미국 아마존에서 그대로 사용되고 있다. 맘스 플랜 잇(Mom's Plan It) 등의 특수 캘린더(off the wall), 코크 보드(콜크 목재판), 마그네트(자석 부착)와 스케줄 스티커 등을 부착해서 캘린더에 대한 고정시각을 깨뜨렸다. 노트 누크의 경우 개발 후 6, 7년이 지나서야 사람들에게 알려지기 시작했는데 가장 많이 팔리는 아이템, 가장 인기있는 아이템이 되었다. 노트 누크 캘린더 역시 아발란치의 '대박 상품'이다.

캘린더 업계에서 아발란치는 고급 품질과 창의적이고 다양한 형태, 이노베이션, 트렌디한 디자인 등으로 브랜드 평판이 압도적으로 높았다.

골프계의 거장 잭 니콜라우스, 아놀드 파머, 미국 여자 축구 국가 대표팀과의 독점 라이센스 계약도 체결했다. 지금도 'Novelties & Collectible Products' 사이트에서는 2005년에 출시한 아발란치의 제품들이 매매되고 있다.

이렇게 차별화된 전략이 인정받으면서 아발란치는 이름 그대로 눈사태로 인해 굴려진 눈덩이처럼 점점 불어났다. 창업 계획에 맞추어 5년째에 고정 지출을 상쇄하는 수익을 창출하게 되었고, 6년째부터는 안정적 수익을 내는 기업으로 발돋움하게 되었다.

우리는 가족,
아발란치 패밀리

맨바닥에서 맨손으로 시작한 아발란치였다. 직원들조차 출판업계의 경험이 없었다. 하나에서 열까지 모든 것을 새롭게 만들고 시작해야 했다. 경리 직원에게는 분기별 회계 마감 내부 보고서를 작성하는 법을, 세일즈맨들에게는 세일즈의 ABC부터 가르치면서 훈련과 실습을 반복했다. 또한 회사 조직의 구성과 경영의 기틀을 세우는 일들까지 함께 의견을 모아 새롭고 독특한 우리만의 방식으로 시작했다. 대체 어디에서 그런 열정이 솟아났을까? 이 모든 것은 아발란치 패밀리가 함께 이끈 결과이다.

미국에서는 한 직장에 오래 근무하는 경우가 극히 드물다. 경험과 지식이 쌓이면 쉽게 다른 곳으로 가버린다. 그러다 보니 고용주와 피고용인 사이에 공동체 의식 같은 게 있을 리 없다.

어떻게 하면 직원들에게 주인의식(sense of ownership)을 인식시킬 수 있을까. 나는 아발란치를 시작할 때부터 직원들을 '고용인'(employee)이라고 하지 않고 '아발란치 패밀리'라고 말했다. 직원과 나를 가족 개념에서 바라본 것이다. 가족이란 무엇인가. 마음을 나누듯 이익도 나누고 어려운 일도 함께 하지 않던가. 깊은 생각 끝에 여름 보너스를 주기 시작했다. 휴가철이 되면 휴가 상여금을 지급하고 12월에는 한 달치 월급에 해당하는 연말 보너스를 주었다. 이렇게 한국식으로 여름과 겨울에 보너스를 주었다.

회사가 수익을 많이 올렸을 때는 그 보답으로 정해진 월급 외의 특별 보너스도 준비했다. 그렇게 하다 보니 직원들도 은연 중에 아발란치 패밀리라는 의식을 갖기 시작했다. 아발란치가 성장하면서 사무실 직원 수가 50여 명 정도로 늘어났는데 상당수가 10년 이상을 함께 한 직원들이었다.

| 다리오 이야기

직원 가운데 창업 초기인 1989년에 채용한 다리오(Dario)라는 멕시코인이 있었다. 특별한 업무 지식이 없어서 처음에는 심부름이나 배달 같은 간단한 일을 시켰다. 회사가 성장

하면서 나는 그에게도 함께 성장할 기회를 주고 싶었다. 그래서 오프셋 인쇄를 배울 수 있는 자리로 옮기게 했다. 그러나 그 일은 다리오의 적성에 맞지 않았다. 물품 창고 관리직으로 자리를 옮긴 다리오는 20년 넘게 성실하게 근무했다. 그러던 중 물품 창고가 출퇴근하기 어려운 먼 곳으로 이전하게 되자 어쩔 수 없이 회사를 그만두게 되었다. 그러는 사이 다리오도 나이가 들어 일자리를 찾기 힘든 처지가 되었다. 다리오를 도울 방법이 없을까 생각하다가 사무실 환경정비와 청소 관리업무를 맡겼다. 지금도 다리오는 즐겁게 일하고 있다.

소통의 광장, 아발란치 스퀘어

'아발란치 스퀘어'(Avalanche Square - Town Hall Meeting)라는 독특한 행사를 시작했다. 한 달에 한 번씩 전체 직원들과 사무실에서 오후 티파티(afternoon tea-party)를 한 것이다. 자유로운 분위기에서 생일 축하도 하고 쿠키 등 다과를 나누며 담소한다. 그 시간을 이용하여 나는 회사의 전반적인 동향과 직원들의 소식을 전하고 새 상품 개발 계획도 발표하고 참신한 아이디어를 구하기도 했다. 경영자의 진심과 열정을 전달할 수 있는 이심전심의 장이었다. 이렇게 아발란치 스퀘어는 소통의 광장이 되었다.

후일 아발란치를 매각할 때, 나는 100만 불을 따로 떼어내어 직원들에게 고마움을 표하기로 했다. 창업 초기부터 16년 동안 나와 함께 열심히 일했던 레이 부부에게는 별도로 특별 보너스 50만 불을 지급했다. 우리 사업에서 세일즈는 매우 중요하고 힘든데 이 부부는 세일즈 부문에서 큰 역할을 해왔기 때문이다. 당시 50만 불은 큰 돈이다. 열심히 월급을 모아도 50만 불을 모으려면 몇십 년이 걸린다. 사람들은 농담처럼 말한다. 그 부부는 나를 만나 팔자를 고쳤다고.

한가족처럼 열심히 회사를 위해 애썼던 모든 직원들을 향한 고마운 마음을 어떻게 단지 물질을 나누는 것만으로 갚을 수 있을까? 회사를 허락해주신 하나님의 은혜로 창업하게 되었고, M&A를 통해 성공적으로 회사를 매각한 대금의 참된 소유주는 하나님이시다. 청지기인 나에게 잠시 맡겼던 재물을 가족이라 불렀던 직원들과 함께 나눔은 당연하고도 당연한 일이었다.

섬김과 나눔의 아발란치 전통

나눔은 섬김에 다름 아니다. 나는 섬기는 마음으로 내가 속한 사회로, 또 선한 목적을 위해 필요한 손길에게 흘려보낼 수 있다는 게 기뻤다. 나의 작은 실천을 아들 대니얼이 잘 이어받은 것을 하나님께 감사드린다. 대니얼이 사업을 물려받은 후에는 나눔의 실천이 이전보다 더 확대되었다.

청지기적 나눔은 회사 안에만 제한되지 않는다. 회사의 울타리를 넘어서 열방을 향하여 나눔의 섬김을 계속하고 있다. 먼저는 장로교 신학교에 상당한 장학금과 운영금을 희사하고, 지역사회 노숙자들을 지원하고, 지역 여러 단체들에 도네이션을 하고 있다. 또한 감사하게도, 모 장로교단 선교부와 연결된 베트남 모처의 선교 센터를 위해서 고아원을 건립하고 학교를 증축하는 일에 큰 힘을 보태기도 했다. 이 모든 나눔은 기쁨의 섬김에서 비롯되었다.

나눔은 주는 사람에게나 받는 사람에게나 축복이다. 복을 유통하는 사람, 선행을 베푸는 사람이 되는 것 자체가 축복의 특권이 아니던가. 다음 세대인 대니얼이 나눔을 좋은 전통으로 계속 지켜가는 것은 나의 기쁨도 되지만 하나님께서도 기뻐 받으시리라 믿는다. 우리의 모든 소유가 우리를 지으신 창조주의 것으로, 일시적으로 맡겨주신 복이며 선물이므로 청지기로서 마땅한 의무이자 특권이라 생각한다.

다이애나 왕세자비
추모 캘린더 제작 비화

1997년 다이애나 왕세자비가 파리에서 일어난 차량 사고로 사망했다. 갑작스러운 소식은 전 세계에 큰 충격과 함께 슬픔을 안겨주었다. 다이애나 왕세자비는 세계적으로 사랑받고 있었기에 많은 사람이 깊은 상실감에 빠져 있었다. 이 비극적 사건이 아발란치에겐 역설적으로 또 하나의 성장 모멘텀이 되었다.

수백억 불 매출 규모를 자랑하는 보더스(Borders Book superstore - 미국 & 영국 등에 약 1,200개의 매장을 거느린 대형 서점 체인)가 다이애나 추모 캘린더를 기획했다. 보더스는 여러 대형 출판사를 제치고 아발란치를 제작사로 선정했다. 뛰어난 디자인, 품질, 참신한 아이디어 능력을 높게 평가해서 미국 내 100개가 넘는 업체 가운데 가장 적합

하다고 평가한 것이다.

그러나 문제는 말도 안 되게 촉박한 시일이었다. 고인에 대한 대중적 추모 기일을 고려해 제작 완료 납품 기일은 단 일주일만 주어졌다. 그 많은 공정이 필요한데 일주일이라니!

먼저 고인의 영국 왕실 공인 사진이 필요하다. 그 다음엔 고인의 명성에 걸맞는 추모기념이 될 디자인 개념과 방향(Design concept & direction)을 잡아야 하고, 디자인과 원고 작업이 끝나면 한국으로 보내 필름 작업을 하고, 그것을 다시 미국에서 검증하고, 인쇄를 마치면 개별 포장 후 배에 싣고 와서 통관하고, 그것을 아발란치 창고까지 운송한 후 전국의 개별 서점까지 다시 포장하고 운송하기까지 이 모든 과정은 최소한 두 달은 걸린다. 그런데 이것을 일주일에 마치라는 것이다.

"그건 불가능합니다."

아발란치 임원들 모두 고개를 저었다. 그들이 원하는 납기 시일은 현실적으로 불가능한 것은 사실이었다. 큰 기회인 것은 분명한데 추모 타이밍 시장성에 맞춰 조속한 편집과 생산을 해낼 수 있는가에는 모두 회의적이었다.

그러나 내 생각은 달랐다. 출판업계에서 후발주자로 막내 격인 우리가 성장할 수 있는 기회라고 생각했다. 사업을 하다 보면 때로 정상적인 틀 안에서는 안 되는 일들이 있다. 마치 응급상황처럼 우리의 상식과 현실을 뛰어넘는 마켓의 요구나 주문이 들어올 때가 있다. 이때 어떠한 결정을 내리는지가 회사의 미래에 지대한 영향을 줄 수 있다. 특히 신생 후발업체는 대기업과 다르다. 될 만한 일, 할 수 있는 일만 하다가는 선두기업들을 따라잡을 수 없다. 리스크를 기꺼이 감수해야 할 때가 있다는 말이다.

아발란치의 리더로서 나는 나의 신념을 차분하게 설명해 나갔다.

"우리에게 큰 회사들을 따라잡을 절호의 기회가 왔고, 이 기회를 놓칠 수는 없다. 이 프로젝트에 대해 부정적인 요건만 나열하다 보면 아발란치는 맨날 제자리걸음밖에 할 수 없다. 팀원들과 하나가 되어 힘을 모아 추진한다면 놀라운 결실을 맺을 수 있다는 확신이 있다."

나의 설득에, 결국 최선을 다해보자는 쪽으로 모두의 마음이 모아졌다.

"일주일은 불가능하고, 수차례 분할 납품으로 열흘 정도면 한 번 시도해 보겠습니다."

이렇게 보더스(Borders) 측과 최종 조정 합의를 체결했다. 이제 시계침이 돌기 시작한 것이다.

버킹엄(Buckingham) 궁 왕실 사진 담당자를 만나다

제일 먼저 사진을 구해야 했다. 당시 나도는 왕세자비 사진들은 거의 파파라치들이 찍은 것으로 차에 타고 있는 사진, 말을 타고 가는 사진들이 대부분이었다. 초상화 같은 왕실의 공식적인 사진들이 바깥에 나돌 리가 없다. 우리가 필요한 것은 품격 있는 다이애나 왕세자비 사진이었다. 이미지를 구하기 위해 미국인 수석 에디터와 나는 즉시 영국 런던으로 향했다. 버킹엄 궁전의 왕실 사진 담당자를 만나 우리의 취지를 설명했다.

"우리가 왕세자비의 추모 캘린더를 만들려고 하는데 사진을 사용할 수 있을까요?"

왕실에서 아무에게나 왕실 사진을 줄 리 없었고 사진을 받아온다는 것만 해도 쉬운 일이 아니다. 나는 우리 회사 소개와 함께 판매업체인 보더스 북의 규모와 평판을 앞세워 설득했다. 그렇게 해서 왕실 담당자와 이런저런 방안을 검토한 끝에 마침내 필요한 사진들을 손에 넣을 수 있었다.

어렵사리 구해온 사진을 디자인 팀에게 넘겼더니 며칠이 걸린다고 한다.

"서너 명이 달라붙어 밤을 새서라도 하루에 끝내도록 하세요!"

이제 겨우 시작인데 인쇄 제본 과정에서 최소한 2주는 소요될 것이다. 상식적으로도 가능성이 거의 없는 일들이 이렇게 하나하나 풀려가고 있었다. 숨돌릴 틈도 없이 다시 한국으로 향했다. 한국의 인쇄소 직원들에게 자초지종을 상세히 설명하고 당부에 당부를 거듭했다.

"시간이 없어요. 비용을 더 들여서 24시간 3교대 작업을 해서라도 닷새 안에 끝내야 합니다. 무슨 수를 써서라도 닷새 안에 끝내야 합니다."

24시간 내내 인쇄 기계가 풀 가동되었고 기적처럼 닷새 만에 제작 공정을 마쳤다. 이제 미국으로 운송하는 일이 남았다. 인쇄물은 무게가 많이 나간다. 보통 때 같으면 LA포트까지 10~12일이 소요되는 선박을 이용하겠지만 시간이 없었다.

부득이 첫 번째 납품은 항공편을 이용하기로 했다. 비행기 화물은 10~12시간 만에 운송이 가능하다. 캘린더 하나당 항공 운임은 선박 운임의 몇십 배가 들어가지만 감수하기로 했다. 계산된 수지타산보다 초를 다투는 시장성에 맞춰 초기납품 완수라는 약속이 더 중요하기에, 비용 문제는 애초에 고려 대상이 아니었다.

그렇게 해서 보더스 북 매점 중 A급 큰 매장에 계약 물량 전체의 30%를 우선 비행기로 공수 납품하고, 나머지는 공수한 30% 물량의 판매가 끝나기 전 배로 수송하여 잔량 전체를 계약 기간 3주 내에 완납하게 되었다. 이런 예는 한국 인쇄 수출업계에서 전무후무한 특별한 사례가 되었을 것이다.

한국의 언론 보도들

이와 관련하여 한국의 언론 보도가 꽤 있었다. 그 가운데 일부를 소개한다.

"8월 말 자동차 사고로 숨진 영국 다이애나 세자비를 추모하는 98년도 달력이 미국 출판사의 요청으로 국내에서 제작된 것으로 알려져 화제. 17일 두산그룹에 따르면 두산동아는 지난달 26일 주요 거래처인 미국 아발란치 출판사로부터 주문을 받아 다이애

다이애나 세자비 추모 캘린더 동아일보 기사

나 추모 달력 10만 부를 제작, 4일 항공편으로 납품했다. 두산동아는 아발란치 출판사 측이 '일주일 내에 10만부를 제작해 달라'고 긴급 요청해 안산공장을 풀가동해서 납기를 맞췄다는 후문. 이 달력은 한 부에 12달러(약 1만 원)로 미국과 영국, 프랑스 등 유럽 지역에서 판매될 예정이며 국내에서는 판매되지 않는다."
(1997.10.17. 동아일보)

연합뉴스 기사

"다이애나 추모 달력은 한국산…특히 이 달력에는 다이애나 세자빈이 연회복을 입고 찍은 사진은 물론 갓난 윌리엄 왕자를 안고 있는 모습과 각종 자선행사에서 촬영한 스냅 사진도 다수 포함돼 있어 다이애나 세자빈의 생전 모습을 가장 자연스럽게 접할 수 있는 소품으로 각광받을 것으로 보인다. …또 아발란치 출판사는 선박으로 가져가던 관행을 깨고 달력 전량을 인쇄비와 맞먹는 비용을 들여 항공편으로 미국에 수송하는 '도박'을 감행했다고 두산동아 관계자는 전했다." (1997.10.16. 연합뉴스)

그렇게 해서 다이애나 왕세자비 추모 캘린더는 50만 부 이상이 팔렸다. 그야말로 대박이 난 것이다. 이로 인해 아발란치의 매출이 크게 증가하며 미국 소매시장 캘린더 부문의 탑 5에 올랐다. 이런 특별한 사례는 사업의 일반적 관행을 뛰어넘는 것으로 절대자의 손길이 없었다면 이뤄낼 수 없는 일로 내 마음속에 새겨졌다.

눈덩이처럼 불어나는
아발란치

밀레니엄 타임캡슐 캘린더 대박이 나다

　2000년 밀레니엄을 맞이하면서 어수선한 한 세기의 전환점에서 밀레니엄을 기념하기 위한 다양한 축제와 이벤트도 개최되었다. 나는 출판업자로서 스페셜한 상품을 기획하고 싶었다. 오랜 고심 끝에 문득 떠오른 생각은 타임 캡슐이었다. 타임 캡슐을 이용한 기념 캘린더를 만들어보면 어떨까?
　크리에이티브 디렉터인 제임스와 아이디어를 하나하나 풀어놓고 수제 모형을 만들기 시작했다. 캘린더와 함께 원형 보관통을 만들고 밀레니엄 첫 1년 동안 삶의 주요 내용을 기록할 메모 칸을 크게 만들었다. 2000년도 여러 기념행사 사진을 붙일 수 있는 일종의 라이프 기념 캘린더를 창안한 것이다.

마지막 달이 되면 캘린더를 돌돌 말아 원통에 넣는다. 10년 후의 자신에게 보내는 수상록 편지도 함께 넣을 수 있게 했다. 이렇게 보관된 캡슐을 10년 후에 열어보는 것이다.

밀레니엄 타임캡슐 캘린더는 특히 젊은 세대들에게 폭발적인 인기를 끌어 그야말로 대박이 났다.

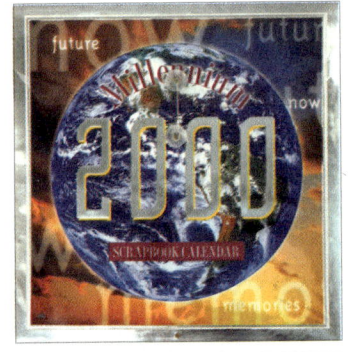

방송에서 언급한 타임캡슐

미국의 3대 TV 방송사인 NBC의 TV 〈투데이 쇼〉 (아침 8시에 방영되는 전국적인 채널로 미국에서 높은 시청률을 자랑한다)에서 창의적인 상품으로 아발란치의 밀레니엄 타임 캡슐 캘린더를 소개하기도 했다.

낙타도 바늘 귀를 통과할 수 있다 - 기업가로서의 관점

성경에서 유명한 '낙타와 바늘 귀'의 비유를 아실 것이다. 고대 근동에서 회자되던 속담이었는지는 모르지만 분명한 것은 예수님께서 부자를 빗대어 말씀하신 비유이기도 하다. 부자가 천국에 들어가기가 마치 낙타가 바늘 귀를 통과하는 것처럼 어렵다고 해서 당시 제자들과 청중들을 놀라게 하셨다. 왜 그렇게 말씀하셨을까? 정말 이 땅의 모든 부자는 다 천국의 문을 통과할 수는 없다는 뜻일까? 그러면 이 땅의 모든 기업가들은 어찌해야 하는가? 나는 예수님께서 화두로 삼은 이 비유를 질문으로 삼아 기업인의 사회적 책임과 역할이 어떠해야 하는지 나의 이해와 경험에서 비롯된 생각을 나누고 싶다.

말씀의 핵심은 돈이 죄라는 의미가 아니라고 생각한다. 돈이 있음으로 그것을 의지하고 돈이 주는 편안함에서 행복을 찾는 바람에 정작 의지하고 붙들어야 할 하나님은 잊어버리는 경향을 비대한 낙타로 말씀하신 것이라 믿는다.

나의 어린 시절을 떠올려 본다. 분명 가난한 집안에서 궁핍함 가운데 성장했다. 그러나 나는 어릴 때도 돈이 없는 것에 이상하리만큼 위축되지 않았다. 돈을 많이 벌어야겠다는 오기도 없었다. 오히려 대학 시절에는 '나는 돈을 따라가지 않겠다. 오히려 돈이 나를 따라오게 하겠다. 내가 잘 하면 돈이 스스로 나를 따라올 것이다'라고 생각했다. "I'll make money"가 아니라 "I'll make money follow me" 이다.

이렇게 돈을 우선적 가치로 여기거나 추종하지 않는 나에게 하나님은 오히려 신묘한 방법으로 부가 따라오게 하셨다. 더욱이 신앙을 가진 후에는 사업을 통해 청지기적 사명을 더욱 실천하려 할 때마다 하나님은 신실하고도 부요한 주인이 되셔서 새로운 공급으로 늘 채워 주셨다.

그러므로 바늘 귀를 통과하는 낙타가 될 수 있다. 돈과 재물과 부에 대한 관점과 태도를 바꾸면 된다. 내가 모았다 할지라도 그것은 모두 인생과 기업의 주인이신 하나님께로부터 온 것이며 나는 그것을 맡은 청지기일 뿐이라는 사실을 늘 기억하고 그것을 기쁘게 주인의 뜻을 따라 나누는 삶을 살 때 낙타도 바늘 귀를 통과할 수 있다고 믿는다.

나누는 삶, 그것은 결코 없어지는 것이 아니라 도둑도 없고 좀도 먹지 않는 저 하늘 창고에 주는 자의 이름으로 영원히 기념되고 누릴 수 있는 복과 상급을 쌓는 것이니 어찌 특권이 아닐까! 이러한 복된 특권을 행사하는 청지기적 기업인들이 이 땅 위에 우후죽순처럼 일어나고 번성하기를 간절히 소망하고 기도한다.

5장

서원의 길—하늘의 시간,
하늘의 시간표

마지막 사인을 하기 위하여 펜을 들었다.

펜을 잡은 내 손에 오직 나만 알 수 있는 떨림을 느꼈다.

긴 세월 함께 한 아발란치가 이 짧은 순간의

서명 하나로 모든 인연이 끝난다.

서명이 끝나고 나서야 창밖을 내다보았다.

캘리포니아의 풍성한 햇살이 유리창을 통해 쏟아져 들어왔다.

기업인으로서 늘 분주함과 긴장감 속에 지내느라

눈에 들어오지 못했던 바깥 풍경에 한동안 눈길이 멈추었다.

황금빛으로 물든 거리 풍경은 여전했다.

나의 영혼도 감사의 빛이 가득했다.

이 모든 것이 전적인 하나님 은혜였다.

두 번째 서원,
60세부터는 하늘의 시간

서원으로 세워진 새 이정표

"피크 타임 증후군"(Peak Time Syndrome)이라는 말이 있다. 개인이 인생에서 계획했던 목표들을 달성한 정점에 도달했을 때 경험하게 되는 일시적 감정의 변화를 의미한다. 자신감과 성취감이라는 긍정적인 측면도 있지만 공허감과 혼란도 포함된다. 장기간의 노력과 긴장으로 인한 피곤과 탈진, 그리고 이루어진 꿈 이후에 느끼는 허무감과 같은 감정을 맞게 되는 것이다. 이러한 면은 새로운 목표 설정이나 자기성찰의 계기가 되기도 한다.

내 삶에도 피크 타임 증후군이 나타났다. 제로 베이스에서 시작해 무역업체 CODRA를 안정적으로 세우고, APEX와 Avalanche 두 회사를 더 창립해 성공적으로 운영하며 아메리칸 드림을 이뤘다. 대우그룹을 떠나 어떻게 살아야 할지 걱정했던 초기와 달리, 세 개의 회사를 운영하며 70~80명의 직원을 거느린 사업가가 되었다. 가정에서는 첫 손주의 출생으로 미국 땅에 이민 3세가 자리 잡는 축복을 누리게 되었고, 신앙에서는 여러 영역에서 섬김과 봉사에 전념했다.

그러나 이 모든 성취 뒤에 뿌듯함만 있는 것은 아니었다. 여러 면에서 '피크 타임 증후군' 현상을 경험하고 있었던 것이다. 마치 잘 달리던 자전거의 타이어가 공기가 갑자기 빠져 멈추듯, 의욕과 열심으로 앞만 보고 달리던 내 마음의 열기가 빠져나가 멈춰버린 것이다.

내가 얻었고 또한 누리고 있는 것들은 바로 도서관 골방에서 내가 품었던 꿈의 성취이며 하나님이 주신 축복이었다. 이 명확한 사실 앞에서 '앞으로 어떻게 사는 것이 최선인가?' 하는 질문이 늘 마음에서 떠나지 않았다. 단 한 번 사는 인생인데 평생을 나와 나의 가족 그리고 내 회사를 위해서만 열심히 산다는 것이 과연 맞는 것일까….

그 해답을 찾기 위해 엎드렸다. 하나님의 마음을 알고 싶었다. 기도하며 많은 시간 동안 하나님의 뜻은 무엇일까 고민했다. 깊은 생각 끝에 나의 두 번째 서원과 60세 은퇴를 결심했다. 나의 가족,

사업, 명예 등 내 삶의 모든 영역을 하나님 중심으로 바꾸기로 결단한 것이다.

나는 나의 인생의 피크 타임을 더 의미 있는 인생 후반기로의 터닝 포인트로 삼았다. 믿음의 성도로서 의미 있는 믿음의 삶을 어떻게 살아야 할지, 어렵지만 가치 있는 숙제로 삼기로 했다.

나는 이전과 다른 삶을 원했다. 하나님을 믿는 사람은 이 세상의 가치관과 다른 가치관을 갖게 된다. 내 삶에서 가장 중요한 것은 하나님의 인도하심에 따라 사는 것이다. 계산이 필요 없었다. 세상의 지혜, 지위, 명예, 사람들이 목숨 걸고 좇아가는 돈, 그 어느 것보다 우선하는 것은 하나님 중심의 삶이었다. 복잡할 것도 어려울 것도 없었다. 이미 나는 50대 초반에 교회와 하나님 앞에서 새로운 삶의 방향을 간증했다.

"60세가 되면 사업에서 은퇴하고, 하나님을 믿는 자로서의 삶을 살겠습니다."

내 할 일 다하고 인생의 남은 부분을 하나님께 바치는 것이 아니라, 아직 정성과 힘이 남아 있을 때 하나님을 더 깊이 사랑하고 그분의 뜻을 따르고 싶었다. 이 선언은 나의 마음이 혹시나 흔들릴 것을 우려하여 나 스스로를 그 서원에 공개적으로 묶으려는 의도도 숨어 있었다.

나의 마음 가장 깊은 곳에 자리잡고 있는 진심이었다. 내가 궁핍했을 때 나의 필요를 채우신 전지전능하신 나의 하나님께 빚진 자로 합당한 도리에 맞는 삶을 살아가고 싶었다. 이것이 나의 인생 두 번째 서원이 되었다.

잘나가는 아발란치를 매각하려는 이유

나의 결심은 확고했다. 두 번째 서약을 지키기에 앞서 우선적으로 해결해야 할 문제들이 있었다. 그동안 많은 시간과 열정으로 키워낸 회사를 어떻게 정리하는가 하는 것이었다.

눈덩이처럼 불어난 회사를 정리한다고? 아니, 최고의 컨디션으로 승승장구하는 회사를 정리한다고? 대체 왜?

주변에서는 나의 결정을 이해하지 못했다. 하지만 나는 개의치 않았다. 누가 뭐라든 상관없었다. 나는 기업의 성공과 관계없이 눈먼 자처럼 살아왔고 성공에 따른 풍요를 누리면서도 지극히 가난한 자였다. 내 마음속에 하나님이 없던 시절은 그랬다. 모든 것을 가진 사람 같았으나 아무것도 없는 자가 바로 나였다.

그러나 지금은 다르다. 하나님이 내 안에 계시고 나와 함께하시며 나의 인생을 주관하신다. 그렇게 지금 새롭게 눈을 떴고 하나님 앞에 새로운 피조물이 되었다. 그렇게 변화된 삶의 우선순위가 바뀐 것일 뿐이다. 나를 그렇게 인도해 주신 신앙의 멘토는 김동명 목사님이셨고, 실증적 서원의 확신은 나를 말씀으로 거듭나게 인도하신 박성근 목사님이었다. 나도 그 뒤를 한 걸음 한 걸음 따를 결심이었다.

하나님께 빚진 자로 살아가는 김동명 목사님의 가르침은 한시도 내 마음을 떠난 적이 없었다. 나도 목사님처럼 하나님께 빚진 자로서 그 은혜와 사랑을 갚을 길은 없지만, 나는 간절했다. 적어도 그 은혜에 합당한 모습의 변화는 있어야 되리라 생각했다.

하지만 고민이 있었다. 은퇴하면 누가 회사를 운영하느냐는 것이다. 나에게는 회사 은퇴 계획안(succession plan)이 없었다. 그렇다면 방법은 세 가지밖에 없다. 아들에게 넘기든가, 아니면 대리 사장을 구하든가, 또는 아예 매각하는 것이다.

아들(현민)과 딸(은별)이 있지만 둘 다 사업과는 거리가 멀었다. 딸은 UCLA를 졸업하고 잠시 아발란치에서 에디터(editor)로 근무하다 결혼 후 손을 뗐다. 보수적인 신앙인(보수 신학자인 John MacArther 목사님을 존경하여 그가 시무하는 Grace Community 교회에 출석하고 있다)이었기에 아내로서 또 어머니로서 가정을 돌보고 섬기는 일을 자기 소임으로 여기고 있었다. 아들이 사업을 이어간다면 더 바랄 것이 없겠지만 공학박사로 UCLA 교수라는 커리어를 버리고 사업하기를 바라는 것은 내 욕심이었다.

'직원들 가운데 한 사람을 키워 사장을 시키고 내가 뒤에 앉아 관리한다면?'

후임자를 물색해 보았지만 마땅한 후보를 찾기 어려웠다. 그동안 내가 주도해 왔던 전략 기획, 아이디에이션과 이노베이션, 자체

브랜드의 독창적 마케팅 주도, 신제품 개발, 아시아 생산 시장 상황 분석, 해외 공장 거래처와의 협력 등을 아우를 만한 사람은 없었다. 자기 분야에서는 역량이 있으나 총체적인 업무를 커버하기엔 무리가 있었던 것이다.

결국 아발란치는 M&A 시장에 매물로 내놓게 되었다.

미국 기업 M&A(Mergers & Acquisitions) 시장에 기업을 내놓고 판다는 것은 결코 쉬운 일이 아니다. 회사의 자산 규모나 장래 가능성 등 회사의 투자가치에 대한 1차 긍정적 자격의 관문을 거쳐야 한다. 이 과정 또한 보통 까다로운 게 아니다. 기업 가치 가운데 하나가 경영의 승계성이다. 즉 보이지 않는 자산인 경영 노하우, 해외 거래선 유지, 기업 문화, 시스템 등이 새로운 투자가에게 승계 가능한지의 여부가 크게 작용하는 것이다. 아발란치는 특성상 승계하여 운영하기 힘든 부분이 있다. 아시아계 이민 1세가 창립한 회사여서 창업자만의 독창적인 제도와 원칙이 있기 때문이다.

결국 이런저런 이유로 아발란치 매각 시도는 두 번이나 무산되었다. 회사의 가치나 영업이익, 내부 시스템 등에는 문제가 없었으나, 상품 개발의 어려움과 생산 기지가 한국과 중국에 위치해 있어 여러 장애가 있을 수 있다는 부정적인 의견 때문이었다.

아들이 매각을 돕다

결국 하나님께 무릎을 꿇고 간구했다.

"하나님, 하나님께 드린 저의 두 번째 서원을 이룰 수 있도록 회사 매각을 도와주십시오."

놀랍게도 하나님은 내 기도에 신실하게 응답해 주셨다. 힘든 매각 과정을 지켜보던 아들 대니얼이 대학에 휴직계를 내고 합류한 것이다. 마치 천군만마를 얻은 것 같았다. 이는 내게 얼마나 큰 안도감과 자부심을 주었는지! 아들의 지원은 가족의 세대 간 사랑과 신뢰를 한 번 더 깊이 깨닫는 계기가 되었다.

아발란치 매각의
우여곡절

2006년 4월, 미국 동부에 있는 한 기업투자 전문 펀드사(Private Equity Investor)가 관심을 보여 대니얼과 함께 실사를 진행하게 되었다. 이미 비슷한 유형의 미국 회사를 매입하여 운영 중인 이 투자 회사는 우리 회사를 추가로 매입해 전략적 시너지 효과를 기대하고 있었다.

실사팀은 회사 매매 가치를 평가하는 과정에서 우리의 주요 고객들인 반스 앤 노블, 보더스 북 등 전국적인 대형 서점들, 그리고 타겟(Target)과 같은 대형 백화점 구매 책임자들과 접촉하여 거래 실적과 신용 평가에 대한 설문조사를 진행했다. 그 결과 매우 긍정적인 반응을 얻었다. 우리 제품들의 창의성, 기능성, 품질이 높이 평가되었고, 이민 1세 마이너리티 오너의 회사가 가진 잠재적인 부정적 요소를 뛰어넘는 뛰어난 시장성을 인정받은 것이다. 놀라운 반전이었다.

보통 기업이 매각될 때 '소득세 납부 전 조정 수익-EBITDA' (Earnings Before Interest, Taxes, and Depreciation, Amortization)를 기준으로 하여 일반적인 실매매 거래액은 이 EBITDA의 4배에서 6배 정도로 평가받게 된다. 우리 회사의 경우, 기준 최고치인 6배의 가치를 평가받게 되었다. 이 평가로 회사 창업부터 성장 과정에 이르기까지, 창업가로서의 모든 노력과 희생이 한 번에 보상받는 결과로 이어졌다. 시간, 열정, 노력, 그리고 희생의 대가를 충분히 인정받아 넘치는 보상을 받게 된 것이다.

사실 M&A(미국 기업 인수합병) 시장에 회사를 내놓는 것 자체가 쉬운 일이 아니다. 회사를 팔려고 내놓으면 사전 실사를 통해 어느 정도 상품 가치가 있다고 판명될 때 실행한다. 회사 규모는 어느 정도인지, 회사의 영업이익이 얼마나 되는지, 장래성이 있는지, 악성 재고가 있는지, 상품 경쟁력이 있는지, 제대로 내부 관리가 되고 있는지, 회사가 제출한 자료가 사실인지 등을 마치 쥐 잡듯이 샅샅이 뒤져 확인한다. 그뿐일까. 신규 상품개발, 해외 한·중 벤더 관리 등 실제 경험과 그때그때 상황에 맞춰 관리되어야 할 뿐 아니라 한국 거래업체들과의 신용(크레딧) 등급 등을 포함하여 연체

지급은 물론 대금 관련 분쟁이 단 한 건도 없었는지 과거 거래 실적을 철저하게 실사한다.

회사의 현재 영업이익과 미래 예측을 분석하기 위해 주요 고객을 상대로 한 거래 현황과 평판(일종의 신뢰와 신용 평가) 실사도 중요한 관문이었다. 예컨대 우리의 주 고객이던 반스 앤 노블, 보더스 북, 타겟(TARGET: 미국 종합 유통업체) 등에게 아발란치와의 거래를 확인하고 아발란치에 대한 평을 듣는다. 그러니 일종의 뒷조사라고 할 수 있다. 이러한 조사를 통해 우리 회사에 대한 평판과 실적을 검증하는 것이다. 이렇게 검증이 끝나면 우리 회사를 M&A 시장에 띄워 소개한 다음 여러 잠재적 투자가나 인수 합병에 관심있는 기업들에게 연락한다.

미국은 신용을 최우선으로 하는 사회이며, 기업들도 각자 자발적으로 세금 신고를 해야 하고, 모든 납세 기록이 남는다. 한번은 IRS(미국 국세청)에서 세무감사가 나왔다. 회사가 어떻게 운영되고 있는지, 회계 시스템과 집행은 제대로 되어 있는지, 법인세 등 모든 공과금 의무와 책임에 하자는 없는지 등을 집중적으로 살폈다. 조사 후, 우리 회사의 회계 처리가 완벽한 시스템으로 처리되고 있다는 것을 확인한 담당자가 악수를 청했다.
"축하합니다. 당신 회사는 내가 더 조사할 게 없습니다."
이런 칭찬을 받는 것은 점수로 따지자면 거의 만점을 받은 것이나 다름없다. 중소기업이지만 이렇듯 만전을 기해 회사를 운영해왔기 때문에 M&A 시장에서 구매중개회사가 와서 조사해도 문제를 발견하지 못했다. 그래서 M&A 시장에 등재될 수 있었던 것이다.

그리고 M&A 관련 매출 실사 과정에서 중복 송장(duplicate invoice)이 6개 발견되는 바람에 난리가 난 적도 있다.

"이런 것이 나왔는데 어떻게 당신네를 믿을 수 있겠습니까? 매출이 2천만 불이라는 것이 사실이긴 합니까?"

중복 송장의 원인은 여러 가지가 있다. 직원의 실수이거나 ERP(전사적 자원관리) 시스템 오류, 아니면 의도적인 실수 등이다. IT전문가를 기용해서 비즈니스 ERP 시스템을 구동해보니 의도치 않은 실수가 발생한 것을 알게 되었다. 프린터 버퍼 문제로 출력이 중복된 것이었다. 자초지종을 잘 설명했다.

"이것은 Independent issue(isolated issue: 개별적 문제)이다. 하루에 똑같은 송장 6개가 중복되었다는 것은 고의일 수가 없지 않느냐."

하지만 여전히 믿을 수 없다면서 이를 핑계로 이미 합의한 기업 매각 가격에서 엄청난 액수를 깎아내렸다.

"그렇게는 못 합니다. 동의할 수 없습니다."

이렇게 해서 양측이 팽팽하게 맞서게 되었다. 결국 내가 최종안을 던졌다.

"그럼 좋습니다. 실사해 봅시다. 제삼자가 실사해서 이것이 우리의 문제라면 당신들 제안대로 가격을 내리겠습니다. 그러나 우리 문제가 아닌 것으로 판명되면 조사 비용을 당신들이 지불하기로 합시다."

재조사 결과 우리 측 이야기가 전적으로 맞다는 것이 확인되었다. 결국 실사 비용을 포함해 매매 가격이 더 올라갔다.

회사가 팔리기까지는 회사의 경영자로서 내가 해야 할 일이 여전히 많았다. 아직 팔리지도 않은 상태에서 회사 일을 놓으면 위험할 수도 있었다. 이런 상황에서 아들 대니얼(현민)이 회사 매각 일을 적극적으로 도왔다. 복잡하고 까다로운 기업 매매 중계인들, 특히 투자 은행가들과의 협상 과정에서 그는 매우 중요한 역할을 했다. 아들의 합류로 풀리지 않았던 여러 상황들이 매끄럽게 정리되었다. 이민 1세인 아버지와는 달리 어릴 때부터 미국에서 자라 박사까지 딴 아들은 회사 매각 과정의 일반적 업무 진행과 팔로우 업에 있어서 말끔하게 큰 몫을 감당해 주었다. 길고 긴 여정 끝에 아발란치 매각이 결정되었다.

정든 이별
"Avalanche Publishing Inc."

이제 내 손에서 아발란치가 떠나갈 시간이 되었다. 긴 시간이었다. 출판에 문외한인 내가 회사를 만들고 역시 출판에 문외한인 직원 둘과 머리를 맞댔던 초창기 시절부터 수많은 순간들이 눈앞을 스쳐갔다. 잠시 눈시울이 뜨거워졌다.

나는 짧은 인사말과 함께 구매자 대표들에게 다시 당부했다.
"저는 인력 승계 방안에 대해 다시금 확인하고 싶습니다. 아발란치의 직원 하나하나가 모두 값진 인재임을 자부하기 때문입니다. 인수 후에도 저희 직원들의 고용을 보장해 주실 수 있나요?"
"물론입니다. 저희는 직원들의 고용을 최대한 보장할 계획입니다."

 이제 마지막 사인을 하기 위하여 펜을 들었다. 펜을 잡은 내 손에 오직 나만 알 수 있는 떨림을 느꼈다. 긴 세월 동안 함께한 아발란치가 이 짧은 순간의 서명 하나로 모든 인연이 끝난다. 양측은 합의된 내용에 서명했다.

60세, 은퇴 서원 날짜를 지켜 주신 나의 하나님

 서명이 끝나고 나서야 창밖을 내다보았다. 캘리포니아의 풍성한 햇살이 유리창을 통해 쏟아져 들어왔다. 여전히 푸르른 하늘에는 솜사탕 같은 구름 몇 조각이 떠 있었다. 기업인으로서 늘 분주함과 긴장감 속에 지내느라 눈에 들어오지 못했던 바깥 풍경에 한동안 눈길이 멈추었다. 황금빛으로 물든 거리 풍경은 여전했다. 나의 영혼도 감사의 빛이 가득했다. 이 모든 것이 전적인 하나님 은혜였다.

 '60세 은퇴 후에는 하나님의 자녀로서 의미 있는 삶을 살겠다'고 다짐하는 60세 은퇴 서원은 내가 했는데 서원을 이루신 분은 하나님이셨다. 60세 생일 케이크 촛불을 끄고 얼마 지나지 않아, 내 나이 만 60세 3개월에, 그리고 회사 창립 16년째에 이루어진 기적 같은 매각이었다.

나에게 있어서 아발란치는 한 그루 나무와 같았다. 회사 입구에 있는 저 야자수처럼 16년 동안 비바람을 맞으며 아름답고 건강하게 키웠는데…저 야자수 나이는 얼마나 될까…다른 곳에 옮겨 심어도 잘 자라겠지….

이민 1세 창업 기업으로서 미국 주류 M&A 시장에서 회사 매각을 진행하고, 이를 통해 상당한 대가를 받는 것은 단순히 금액의 크기를 넘어선 의미가 있었다. 무엇보다, 창업 기업인으로서의 실력이 미국 주류 시장에서 인정받았다는 것을 의미했다. 지난 세월 동안 눈코 뜰 새 없이 열심히 노력한 보람이었다. 이 모든 것은 나의 주님이신 하나님의 은혜로 가능했다. 이 은혜를 어떻게 다 보답할 수 있을까? 모든 영광과 감사를 하나님께 올렸다.

맨손으로 창업한 지 16년, 미지의 출판업에 발을 디뎠던 나의 인생 황금기인 40~50대의 땀과 고민, 걱정과 외로움, 그리고 모든 열정을 이제 다 내려놓고 새로운 인생의 길을 향하게 되었다. 사업을 매각한 보람보다는 남은 인생의 보람(의미)이 더 중요하다는 것을 깨닫고, 겸손함으로 다시 하늘 아버지 앞에 나를 추슬렀다. 이제 나의 남은 날들에서 그 서원을 어떻게든 감당해야 할 나의 거룩한 부담과 사명의 길이 남아 있는 것이다.

나는 심호흡을 했다.

내 나이 이제 예순. 나는 지금까지 늘 한 번도 가지 않은 길을 걸어오지 않았던가. 나는 다시 나의 새 길을 찾을 것이고, 감사의 새 노래를 부르게 될 것이다.

나에게 주어진 또 다른 이름 '엔터프레누어'

나의 인생에는 이민과 함께 창업이 있었다. 그 와중에 내게 별칭 하나가 주어졌다. '엔터프레누어'(Entrepreneur)다. 2006년 미주 한인 상공회의소가 주관하는 시상식에서 '올해의 기업가'(Entrepreneur of the year) 상을 수상하는 영예를 안게 된 것이다.

'엔터프레누어', 이 말은 프랑스어에 어원을 두고 있는데 '모험적 걸음을 시도하다, 착수하다'라는 뜻의 동사에서 파생된 '자영업 창업가'라는 명사다. 알 수 없는 결과 앞에서 무모하리만큼 모험적인 착상과 계획으로 창업을 결심하고 여러 장애물과 역경을 겪어내며 무에서 유를 이끌어 내듯 끝내 새로운 사업의 기초를 성공적으로 여는 기업인을 지칭하는 말이다.

엔터프레누어, 이 말을 떠올릴 때마다 따라오는 기억이 있다. 1985년 5월 어느 날 갑자기 아무런 계획도 없이 대우를 떠난 후 준비 없이 홀로서기를 해야 했던, 대책 없던 그 시절이다. 당시 무엇을 해야 할지, 어떻게 해야 할지 누구 하나 붙들고 물어볼 사람도 없이 막막했던 그 시간들이 지금도 너무 생생한데 어느덧 나는 네 개의 사업을 창업하고 운영한 흔치 않은 경험을 가지게 되었다.

"하나님, 나의 하나님! 내 생명의 주요 믿음의 주요 구원의 주요 영광의 주 되신 하나님! 감사합니다."

하나님의 창업을 이어받는 일
－그의 뜻을 이루는 창업

　창업은 어찌 보면 이 땅 모든 사람들에게 주신 하나님의 소명이라 할 것이다. 그 소명은 기업을 세우는 일뿐만 아니라 궁극적으로는 각자의 인생(삶)을 세워가는 일에서 하나님의 창업의 뜻과 자세로 도전해야 한다는 의미가 아닐까? 그렇게 할 때 우리 인생의 목적은 하나님이 우리 각자를 지으시고 손수 당신의 생기를 불어넣어 주신 창조의 복을 따라 살 수 있게 된다고 생각한다. 육신의 창업은 잠시 물질적 이득을 얻을 수 있으나 인생(생명)의 창업은 영원한 새 하늘 새 땅에서 새 생명을 얻는 창업임을 깨닫게 되었다.

첫 사람 아담과 이브, 그리고 하늘과 땅과 바다의 최초의 창업주는 하나님이시다.

"태초에 하나님이 천지를 창조하시니라" (창세기 1:1).

공허하고 혼돈한 무(無)로부터 세상 만물과 만유를 다 펼쳐 내셨으니 감히 세상적 표현을 한다면 실로 위대한 창조주요 창업주가 아닐 수 없다. 창조주 하나님께서는 또한 그가 지으신 사람에게 명령하셨다. "생육하고 번성하여 땅에 충만하라, 땅을 정복하라" (창세기 1:28) 하신 이 말씀을 나는 '하나님께서 모든 인류를 그가 지으신 목적에 따라 창업의 삶을 살라고 초대하신 것'이라고 생각했다. 달리 말하자면 '작은 창업자'로 부르신 것이다.

이보다 더 귀한 창업의 열매가 어디 있을까? 우리를 이 하늘 생명의 창업으로 부르시고 초대하시는 하나님 앞에서 우리는 무엇을 해야 할까?

일반적 기업의 창업

세상적으로 새로운 사업을 구상하는 창업이란 결코 쉽지 않다. 미국 통계에 의하면 한 해에 창업하는 회사가 550만 개에 이르지만 그중에서 약 90%가 실패를 하게 되며, 성공을 했다 해도 5년을

버티는 기업은 50%, 10년을 넘기는 기업은 채 20%가 안 되는 것으로 파악된다.

시중에는 창업에 관한 자료들이 넘쳐난다. 이들 모두의 공통된 주제는 '어떻게 하면 성공적인 창업을 이룰 수 있는가?' 하는 것이다. 그러나 애석하게도 그에 대한 정답은 없다. 각 창업에는 그에 맞는 맞춤형 해답이 있을 뿐이다. 그래서 나는 창업에 대한 일반론이 아니라, 내가 개인적으로 경험하고 실무를 통해 얻은 몇 가지 핵심 원리들을 함께 나누고 싶다.

일반적으로 창업의 3대 기본 요소는 사업 아이디어, 사람, 그리고 자본인데, 그중 '사업 아이디어'와 그 준비에 대해서 조명해 보려고 한다.

사업의 타당성 검토 (Business Feasibility Study)

창업 회사는 가장 먼저 '무슨 사업을 할 것인가?' 즉 어떤 상품이나 서비스들을(품목) 어디에(시장), 누구를(고객) 목표로, 어떻게(마케팅), 공급(판매)할 것인가 하는 주요 내용들이 포함된 일차 사업계획서가 우선 마련되어야 할 것이다. 특히 이 단계에서는 사업의 타당성(feasibility study)을 자사의 상품 경쟁력, 시장 규모, 장래성, 예상 영업이익율, 판로 확보 대책, 경영팀의 해당 업종 경험이나 지식

유무와 창업자금 준비 등을 분석하여 객관적이면서도 전문적인 진단이 필요하다. 미국 통계청 자료에 의하면 창업 후 실패하는 대부분의 이유가 충분한 시장조사 결핍(lack of market research)이라고 한다.

그 과정에서 충동적이고 막연한 자신감이 아닌, 냉정하고도 현실적인 눈으로 시장조사와 분석을 통해 해당 사업을 계속(Go) 추진할 것인가, 보류(Hold on)할 것인가, 중단(Stop)할 것인가 택일하는 신중한 결단이 필요하다고 본다.

제품 분석과 차별화 (Product & Service Evaluation)

기업 이미지는 그 회사의 제품에서 시작된다. 특히 창업 회사의 첫 제품은 회사를 대표하는 얼굴과 같기에, 해당 상품의 시장 경쟁우월성(competitive advantage) 분석이 필수적이다. 제품의 예상 라이프 타임, 수요 예측(demand forecasting), 효율성, 고객 친화성(customer friendly), 가격 경쟁력과 기존 유사 경쟁 제품과의 차별성과 품질의 우위가 있어야 한다.

그 첫 제품에 대한 고객의 평가가 회사의 앞날을 가름한다고 해도 과언이 아니다. 고객의 관심을 끌 만한 창의성과 참신함과 독창성을 담보하는 제품을 만들기 위해 회사 내외의 소비자 포커스(focus) 그룹의 반응(feedback)도를 활용하는 것도 한 방법일 수 있겠다. '확실하게 정확히 확인한다'는 의미의 "To leave no stone unturned"라는 영어 관용구처럼 새 회사가 내걸 첫 제품의 철저한 검증의 중요성은 아무리 강조해도 지나치지 않을 것이다.

10가지 긍정적 경쟁력 (Key competitive Advantage List)

창업의 3대 기본요건 항목(사업 아이디어, 사람, 자본)의 점검이 끝났으면 곧이어 해당업종의 시장 경쟁력 자체 점검표를 작성해야 한다. 경쟁업체와 비교한 경쟁우열 분석표를 중심으로 나름대로의 성공 가능지수를 확인할 필요가 있다고 생각한다.

이 단계에서 해당 제품의 대중적 시장성 검토를 위하여 시제품 견본(prototype)을 제작하고, 또한 외부 전문 포커스 그룹에 의뢰한 시제품 평가 분석표도 점검할 뿐 아니라, 결정된 상품의 경쟁력 분석과 긍정적이고 우월한 이유 10가지에 대한 반응 점검도 필요한 부분이다.

판매와 마케팅 (Sales & Marketing Strategy)

창업하려는 업종의 상품 혹은 서비스에 대한 이러한 창업 타당성 확인 외에도 중요한 것은 판매 계획 점검이라고 생각한다. 제품 판매 적정 단가를 세우고 그 매출 예상 이익율이 적정한지를 확인하면서, 판매 영업팀의 계획, 능력, 경험 등도 신중히 짚어 보는 것이 중요하다.

해당 업종의 판매시장 조사로 시장점유율(market share) 상위, 중위, 하위 그룹의 회사들 목록과 그들의 장단점 분석, 그리고 구매고객 프로필, 어느 계층의 어떤 성향의 고객층이 주요 고객인가를 분석해서 창업회사의 시장개척 성공 확률과 침투전략(market entry strategy)도 함께 검토해볼 것을 제안드린다.

잘 준비된 사업은 이미 반은 성공이다 (Well begun is half done)

나의 산 경험 중에서 아직도 내가 불문율처럼 중요시하는 것 중 하나는 창업의 꿈에 들떠 지나친 자신감과 낙관에 빠지는 우를 범하지 말라는 것이다. 신중하고 철두철미하게 잘 준비된 시장조사와 사업계획서는 당신의 성공 확률을 그만큼 높인다는 것을 잊지 말기를 바란다.

창업-성공의 두 가지
'마음가짐'

 무에서 유를 엮어내듯, 힘든 창업의 여정에 닥쳐오는 온갖 장애와 고난에도 굴하지 않도록 힘이 되어 주었던, 나의 두 가지 마음가짐을 참고로 나누었으면 좋겠다.

"나의 걸음을 인도하소서"의 간구

 "뜻이 있는 곳에 길이 있다"는 말이 있다. 창업의 꿈을 세우고 이루어 나가는 실질적인 노력은 나의 확고한 결심에서 시작되지만, 그 결과는 나의 영역을 벗어나 우리의 삶을 주관하시며 인도

하시는, 하늘 섭리에 달려있음을 깨닫게 해 주신다.

대책 없이 대우 그룹에서 사직한 나는, 속수무책에 앞이 캄캄했지만 그래도 배운 게 무역이니 미국의 제조업체들을 상대로 탐색 전화라도 시작해 보자는 생각으로 전화번호를 임의로 골라 cold call을 시작했다.

생면부지의 상대와 Sales 상담 약속을 만들기 위해 마음을 졸이며 수없이 다이얼을 돌려 댔지만, 돌아온 것은 차가운 무응답 전화뿐…. 한 달 내내 백여 통 이상의 전화를 반복했으나 전혀 희망의 싹이 보이지 않아 낙심하여 포기 상황까지 갔는데, 마치 누군가 나를 위해 예비해 놓은 것처럼 전화가 연결되며 끝내 첫 수출 오더(order)를 받게 된 것이다.

훗날 하나님의 도우심이 명확하게 기록되어 있는 성경 말씀 "사람이 마음으로 자기의 길을 계획할지라도 그의 걸음을 인도하시는 이는 여호와시니라" (잠언 16:9)를 읽으며, 부족하고 허물 많은 나를 불쌍히 여겨 베풀어 주신 하나님의 은혜였음을 깊이 깨닫게 되었다.

이렇게 믿기 어려운 방법으로 창업의 길을 열어 주신, 내 인생의 주인 되시며 전지전능하신 여호와 하나님의 역사였다. 나를 불쌍히 여겨 지나온 내 인생길 고비고비마다 붙들어 주셨던 하나님께서, 이제 때가 차 구원의 은총을 베푸시며 하나님께서 내려 주신 첫 사업체가 되었다. 아무리 수고하고 열심을 낸다 할지라도 나의 계획으로는 한 치도 나아갈 수 없었으나, 창조주 하나님이 나의 걸음을 인도하시므로 이렇게 좋은 결실을 맺게 된 것이라고 나는 확신한다.

그러니 누구든 창업의 길에서 이런저런 궁리로 온갖 애를 쓰는 수고와 더불어, "너희가 악한 자라도 좋은 것으로 자식에게 줄 줄 알거든 하물며 하늘에 계신 너희 아버지께서 구하는 자에게 좋은 것으로 주시지 않겠느냐" (마태복음 7:11) 하신 하나님을 인정하며, 간절하게 도움을 간구해 봐야 하지 않겠는가!

> "구하라 그리하면 너희에게 주실 것이요 찾으라 그리하면 찾아낼 것이요 문을 두드리라 그리하면 너희에게 열릴 것이니 구하는 이마다 받을 것이요 찾는 이는 찾아낼 것이요 두드리는 이에게는 열릴 것이니라" (마태복음 7:7-8).

하나님은 우리의 삶을, 제멋대로 마치 제각기 흘러서 퍼지는 시냇물처럼 방치하시는 분이 아니심을 믿지 않던 나에게 친히 보여주신 것이었다. 오히려 우리 인생길 속에 한 사람 한 사람을 향하신 하나님의 뜻이 계시어, 그가 우리의 하나님이요 우리는 그 여호와 만군의 하나님의 자녀로, 우리의 가는 길에서 구원과 축복이 되심을 나타내주신 것이다.

존 웨슬리의 재물론 (The use of Money)

창업 기업인으로의 두 번째 마음가짐은, 회사의 상업적 영리 추구의 목표 위에, 창업 기업의 청지기적 소명을 잘 인식하고 맡겨진 주인의 뜻을 제대로 감당해 나가는 것이라고 나는 믿는다.

우리가 그토록 귀중하게 여기는 나의 생명, 나의 가족, 나의 시간, 나의 물질, 명예와 재능 등 어느 것 하나도 우리가 본래 소유했던 것은 없다고 확신한다. 모든 것이 우리 삶의 주인 되신 하나님께서 이 땅 위의 삶을 살아갈 때 우리에게 맡겨 주신 특권이요 축복이며 또한 은혜라고 믿는다.

돈은 역사적으로, 가진 자와 못 가진 자의 신분 차별과 사회적 갈등의 한 요소가 되기도 했다. 동경의 대상이 되거나 심지어는 삶의 목표가 되어 행복한 삶의 잘못된 지표로 쓰이기도 하고, 부자가 되고 못 되고의 상징이 되기도 하니, 어찌 보면 돈은 사람들을 웃게도 하고 울게도 만드는 요물이라 할 수 있다.

그런 반면, 돈이 주는 여러 혜택과 기여와 편리함, 또한 돈의 긍정적 가치를 부인할 수 없을 것이다. 그래서 돈은 '어떻게 버는가'도 중요하지만 '어떻게 쓰는가'가 매우 중요하다. 잘 사용하면 돈의 가치 몇 배 이상의 사회적 공헌이 되고, 이웃의 경제적 필요를 돕는 '선한 사마리아인'(The Good Samaritan)의 사랑의 손길도 되어, 함께 살기 좋은 세상을 만드는 힘이 될 수도 있다.

미국이라는 사회의 좋은 전통과 장점은, 개인적 자선(charity)을 베풀고 나누는 보편화된 시민의 참여 의식이다. 많은 기업과 부호들이 참여하는 기업형 필란트로피(philanthropy: 인류의 더 나은 삶을 위한 나눔과 사회의 공익을 위한 자선사업)를 보면 합중국으로서 미국 사회의 건강한 저력을 다시금 확인하게 된다.

19세기 미국의 철강왕이라 불렸던 대부호 앤드류 카네기는 자신의 재산(현재 가치로 약 4,800억 달러)의 90%가량을 자선사업에 사용한 것으로 알려졌다. 약 2,500개의 공공 도서관을 미국과 유럽에 세웠고, 7,000여 개의 교회 파이프오르간을 기증하는 등 그야말로 철강왕다운 모범적 자선가로 역사에 남았다.

그 외에도 미국에는 우리가 잘 아는 워렌 버핏, 빌 게이츠와 전 세계적인 초부유층 200여 명이 함께 참여한 "자선 서약(The Giving Pledge)" 자선단체가 있다. 자산 20억 불 이상의 부호들이 자신의 재산을 전 세계 인류의 복지를 위해 평생 동안 기증하겠다고 약속한 후에 회원이 될 수 있는 모범적인 청지기 모임이다.

한국에도 사랑의 열매로 많이 알려진 보건복지부 소관 '사회복지 공동 모금회'라는 법인이 설립되어 30년 넘게 활발히 활동하고 있다. 이에 나도 해외교포의 한 사업인으로 7년 전 등록하고 참여하게 됨을 감사하게 여긴다. 한국사회에서도 이런 자선단체들이 널리 커 나가길 바라는 마음이다. 이렇게 남을 돕겠다는 자원하는 마음과 기증할 수 있는 재물이 있다는 것은 하나님이 주신 특별한 축복이요 특권이다. 이런 자선의 특권은 돈 많은 사람들만 할 수 있는 것은 아니라고 생각한다.

정성껏 동전 두 닢을 헌금하는 가난한 과부를 주님이 보시고 칭찬하신 것처럼, 이웃을 사랑하라는 계명을 받은 우리도 금액의 많고 적음을 떠나, 불우한 이웃을 내 몸처럼 사랑하는 마음이 담긴 자선이면 이 또한 주님의 축복이 함께하시리라 믿는다. 한 기업인으로 이와 같은 청지기적 소임을 감당한다면 그 마음은 천국의 영원한 보화로 남겨지지 않을까!

끝으로 감리교 창시자인 존 웨슬리 감독이 크리스천 사업가들에게 권고한 재물론(The Use of Money)을 나누면서 돈의 올바른 용법을 함께 살펴보기를 원한다.

Gain all you can

모든 사람에게 유익하고, 성실하고 근면하게 열심히 노동하며, 벌 수 있는 한 적법하게 많이 벌어라. 웨슬리 감독의 첫마디는 모든 것의 주인 되신 하나님께서 맡겨 주신 돈을 정직하게 벌어 청지기 역할을 잘 감당하라는 돈의 중요성이다.

Save all you can

또한 열심히 번 돈을 사치스럽고 허황된 욕심으로 낭비하지 말고, 지나친 절제나 사치가 아닌, 자신이나 가정을 위해 검소한 삶을 살며 저축할 수 있는 한 많이 저축하라는 당부가 두 번째 권면이다.

Give all you can

그리고 저축한 돈을 줄 수 있는 만큼 필요한 이웃들에게 주어라. 재물을 우리에게 맡겨 주신 하나님의 뜻을 따라 이렇게 이웃에게 선을 행함으로 주인 되신 하나님의 영광을 나타내는 것이 크리스천의 재물 사용 기본 원리가 된다는 것이다.

근면한 삶으로 검소하게 살며 이웃에게 사랑을 베풀라는 웨슬리 감독의 세 가지 물질관 설교 말씀에 감사를 드리며, 주는 복을 누리는 우리 모두가 되기를 기도한다. 아울러 창업의 일선에서 매진하시는 모든 분들의 선하신 열심 위에 만물을 지으신 하나님의 은혜와 축복이 늘 함께하시기를 바라는 마음 간절하다.

6장

축복과 반전의 역사

하나님은 내 눈의 들보를 말씀하고 계셨다.
영혼을 깊숙하게 울리는 내면의 음성에
그 자리에 무릎을 꿇었다. 하나님 앞에 통곡했다.
"맞습니다. 제가 제 모습을 제대로 보지 못했습니다.
용서하십시오." 눈물에는 하나님을 향한 고백이,
아들을 향한 사랑이, 그리고 뉘우침의 회한이 담겨 있었다.
대니얼도 그때의 내 모습을 기억할 것이다.
자기에게 불같이 화를 내고 야단을 치던 아버지가
갑자기 엎드려 잘못을 고백하며 눈물을 흘리는 모습을….

두 번째 서원
―방황의 길

'어떻게 하든지 60세에 은퇴한다.'

나는 오로지 60세 은퇴에만 매달려 있었다. 회사를 정리하는 것이 쉽지 않을 것이라는 것을 너무도 잘 알기 때문에 더욱 목을 맸는지도 모른다. 사실 미국 M&A 시장에 회사를 내놓았을 때 실제로 매각될 것이라는 확신이 없었다. 그렇기 때문에 정작 60세 은퇴 이후 서원을 어떻게 실천해 나갈지에 대한 구체적인 계획이나 준비가 되어 있지 않았다.

신실하신 하나님께서는 회사 매각을 이루어 주셨는데, 정작 나는 60세 은퇴 후, 구체적으로 나의 서원을 어떻게 실천해 나갈 것인가의 준비가 안 되어 있었던 것이다. 팔린다는 확신이 없어 민지 못한 나의 이율배반적이었던 허물을 생각하면 할수록 부끄러웠다. 막상 회사가 매각되고 나자, 나의 고민은 깊어졌다.

어떻게 살아야 내게 남은 시간과 경험을 하나님의 뜻에 맞추어 사용할 수 있을까?

나에게 주신 은혜를 의미 있게 보답하는 삶은 어떤 것일까?

그렇게 깊은 고민 끝에 일단 붙잡은 선택지가 신학 공부였다. 그동안 폭넓게 섬겼던 여러 평신도 사역을 떠나 한 단계 더 나아가, 풀타임(full time)은 아닐지라도 책임감 있게 임할 수 있는 전임 사역은 없을까 고민하던 중, 우선 하나님을 더 깊고 제대로 알아가는 일로 시작한 것이다.

첫 번째 방황
—신학대학원에 입학하다

　남침례교단 소속 신학대학원(Golden Gate Southern Baptist Seminary)에 입학하기로 결심한 나는 필요한 서류를 준비하기 시작했다. 대학졸업 증명서, 성적 증명서, 추천서 등 많은 서류가 필요했다. 한국에 연락해 서류를 떼면서 좀 당황스러웠다. 학점이 낮은 성적 증명서는 그때 사연을 모르면 이해하지 못할 성적이었기 때문이다.

　서울대 상대에, 그것도 재수까지 한 끝에 입학했지만, 내 나름의 기대에 못 미치는 수업에 실망하여 학점에 연연하지 않고 독서와 사회 생활에 더 많은 시간을 보낸 결과였다. 아이러니한 것은, 나의 성적 증명서는 취직할 때나 세상일에는 필요하지 않았다. 상과 대학 졸업장 하나로 충분했다. 그런데 이렇게 뒤늦게 신학대학원을 가는데 부끄러운 성적 증명서를 제출하게 되다니…. 아이러니한 상황에 혼자 웃음을 지었다.

신학 공부는 은퇴 이후 내 신앙 여정의 한 목표라기보다는 학구적인 탐구심으로 시작한 것이다. 60세 은퇴의 계획이 하나님의 은혜로 이루어진 후, 은퇴 이후의 삶을 준비하기 위한 과도기적인 시간 활용이었다고 할 수도 있겠다.

신학 공부를 하는 목적

나는 하나님을 더 깊이 있게 배우면서 은퇴 이후 나의 삶에 하나님의 무슨 뜻과 계획이 있으신지 깨닫고 싶었다. 모든 준비를 마치고 신학대학원에 입학하게 되면서 기대가 컸다. 교회에서 성경 공부에 매진하고, 제자 훈련을 받기도 하고, 인도하기도 하면서 말씀에 빠져 살았는데 이제 신학 공부를 하면 더 깊은 말씀의 경지를 맛보게 되리라는 기대가 있었다.

학창 시절보다 더 향학열에 불타오르는 것 같았다. 오랜만에 서재에서 무슨 중요한 자격 시험 준비하듯 영어교재를 한 줄씩 읽어 나갔다. 영문 리포트를 쓰면서 대학 시절로 돌아간 기분이었다. 공부에 등한시했던 대학 시절과 달리 신학대학원에서는 한 시도 책을 놓지 않을 정도로 열심히 공부했다.

그러나 신학대학원에서 함께 공부하던 많은 학생들은 나와 목적이 달랐다. 그들 대부분은 유학생 목회자 후보생들이었고, 학위와 수료증을 받는 것이 더 현실적인 목표였던 것이다. 따라서 시험 성적이 중요할 수밖에 없었다.

나는 목회의 길을 가는 사람은 단순히 시험 성적만으로 평가해서는 안 된다고 생각한다. 일정 부분 '신학'이라는 학문적 지식의 평가와 '목회'라는 전문적인 훈련과 지식도 당연히 갖추어야 하겠지만, 하나님을 경험하는 영성 개발과 예수님의 성품을 닮아가는 자기 연마의 과정도 있어야 하지 않을까 생각한다.

신학의 진정한 핵심은 하나님의 소명에 부응하는 영적 변화와 인격의 변화에도 있다고 믿기 때문이다. 깊은 영적 수련과 성찰은 시험 성적만큼이나 중요하며, 때로는 더 중요할 수 있다는 게 나의 신념이었다.

그러나 학생들은 나의 생각과 너무 달랐다. 시험 기간만 되면 많은 학생들이 시험 준비에 필사적이었다. 필기노트를 돌리고 족집게 문제를 나누며 바쁘게 돌아갔다. 이런 분주함은 학생으로서는 당연한 준비지만 순수하게 영적 진리를 탐구하는 분위기라고 말하기는 어려웠다.

'마치 자격증 따듯 세속적인 방법으로 학위만 받는다면 어떻게 하나님의 종으로서 영적 리더십을 발휘할 수 있을까?'

이런 현실적 괴리감에 점점 회의가 깊어졌다. 이것은 신학대학원 제도에 대한 회의이기도 했다. 지식이나 기술을 뛰어넘는, 우리 주님의 십자가에 담긴 사랑과 희생의 떨림과 거룩함의 영적인 함양도 더 폭넓게 다루어질 수는 없을까?

결국 1년 만에 신학교를 그만두었다. 개인적으로 기대가 많았던 만큼 내적 갈등도 많아졌기 때문이었다. 예비 목회자로서 배우는 성경적 학문과 목회의 실용적 지식 중심의 과정들, 그리고 하나님을 더 깊이 알고 경험하는 영적 과정들에 대한 기대에 부응하지 못했다. 아쉽지만, 이는 어쩔 수 없는 결정이었다.

목사와 의사의 소명

이런저런 일로 병원에 가는 일이 잦아지면서 의사들을 볼 때마다 자연스레 교회 지도자들과 비교하게 된다. 의사나 목사나 쉽게 말하자면 모두 생명을 살리는 일을 하기 때문이다.

의사나 목사 모두 본연의 일에 최선을 다함은 물론이고 그 무엇보다 한 생명에 대한 사랑과 사명감을 품는 것은 너무도 당연하다 할 것이다. 사람의 생명을 다루는 의사나 목사는 생명의 존엄성만큼이나 매우 중요하고 귀한 역할을 감당한다. 그러나 의사와 목사는 근본적인 차이점이 존재한다고 생각한다.

의사는 사람이 정한 자격기준에 따라 자격증을 받으나, 목사는 하나님께서 친히 소명을 주심으로 목회의 길을 걷는다.

의사는 대부분 정해진 근무시간에 책임이 있으나 목사는 잠자는 시간 빼고는 언제나 성도들의 필요나 문제들을 위해 몸(심방)과 마음(기도)을 대기 상태로 열어놓고 있다.

의사는 육신의 병을 사람의 의학기술로 고치며 육신의 건강과 생명을 돌보고, 목사는 하나님의 능력으로 육신과 영혼의 치료, 구원을 이룬다.

의사는 명예와 재물의 보상을 받는 세상의 부자요, 목사는 사랑과 희생을 나눠주는 하늘의 부자이다.

여기에서 누가 더 필요한가를 논할 수 있을까? 상한 몸을 고쳐주는 의사와 상한 영혼을 구원으로 이끄는 목사, 두말할 것도 없이 모두 이 세상에서 없어서는 안 될, 꼭 필요한 분들이다.

그런데 참으로 가슴 아픈 일은, 근래에 들어 세상이 바라보는 교회에 대한 일부 부정적 시각이다. 각종 논란에 휩싸인 부정적 기사와 신뢰가 떨어지는 기독교계의 실망적인 뉴스를 접할 때마다 마음이 무거워진다. 그래서 이 글을 망설이다가 조심스럽게 쓰면서도 평생 그 험난한 목회의 일선에서 애쓰시는 존경하는 목회자들에게 혹여 누를 끼치지는 않을까 두렵기도 하다. 다만 나는 평신도의 한 사람으로서, 그리고 예수님의 몸 되신 교회를 사랑하는 사람으로서 내가 사랑하는 교회가 세상으로부터 손가락질 받는 현실이 너무 안타까울 따름이다. 교회의 머리 되시는 주님께서 이 현실을 어떻게 보고 계실까 생각해 보지 않을 수 없는 것이다.

교회의 교회 됨을 위하여

어떻게 하면 오늘날 교회가 본질을 되찾고 예수님의 정결한 신부로 다시 설 수 있는지, 어떻게 해야 주님의 손이 되어 이웃의 눈물을 닦아줄 수 있는지, 그리고 나아가 어찌해야 다시 제대로 세상의 자랑스러운 소금과 빛의 역할을 할 수 있을지, 두렵고 떨리는 마음으로 성찰해 본다.

오늘날 많은 교회는 대형화되고 더러는 기업화되는 모습까지도 보이고 있다. 그런 와중에 일부 교회는 거룩함을 잃어버리고 세상의 가치관과 물질주의에 잠식되고 있지 않은지 우려스러운 부분도 없지 않다. 지금은 교회의 부흥을 이야기할 때가 아니라 생존에 대해 걱정할 때라고 교회 안팎에서 입을 모으고 있다. 교회가 위기 속에 있다는 말이다.

실제로 미국의 기독교 관련 리포트에 의하면, 성인 미국인 2억 1천만 명 중에 교회를 다니다가 출석을 하지 않는 크리스천들이 지난 25년 동안 4천만 명 이상이나 되며, 지금도 해마다 2백만 명 이상이 교회를 떠난다고 한다. 분명 교회는 지금 위기를 마주하고 있다.

한국 교회라고 해서 예외는 아니다. 교회는 해가 갈수록 젊은 이들이 떠나 급격히 노쇠화하고 있다. 코로나 펜데믹으로 비대면 예배가 활성화된 이후 이러한 현상은 더욱 심해졌다. 매년 문을 닫는 교회 숫자가 믿지 못할 만큼 증가하고, 최근 들어 신학대학도 교단 별로 입학 정원 미달이 늘어나는 추세로 전체 숫자의 구조 조정 이야기까지 나오는 상황이다.

어찌하여 교회가 이러한 쇠락의 언덕길을 내리닫게 되었을까? 한국 교회의 쇠퇴와 사회적 배척의 원인은 정확히 무엇 때문인가? 문제의 원인을 찾아 어떻게 고쳐 나갈지에 대한 대책 마련이 문제 해결의 순서가 아닐까 생각한다. 그 문제들은 교회 내부의 문제와 교회 외부의 문제, 사회 문화 전반에 걸친 변화, 그리고 세대와 시대 변화에 교회의 대응 능력 부족 등으로 구분할 수 있다.

세상의 소금과 빛이 되어 어두운 곳, 상처 난 곳에 사랑과 도움이 필요한 사람들의 치유와 소망이 되어, 세상의 신뢰를 받고, 그 영광을 하늘 아버지께 돌리는 세상 속 교회가 많아지면 얼마나 좋을까? 또한 20~30대 미래 세대들의 새로운 문화와 환경, 그리고 삶의 변화에 부응할 수 있는 유연성으로 조금 더 공감과 참여의 길을 열어주면 좋을 텐데….

두렵고 떨리는 마음으로 현재 교회 상태를 되돌아본다. 예수 그리스도의 몸이 되신 이 땅의 교회가 교회 자체의 경건함과 거룩함의 본질이 세상 세속주의와 물질주의에 뒤섞이는 우를 범하지는 않는가? 권위가 팽배한 계급주의적 체계는 없는가? 도심지 번화가의 위세를 자랑하는 초대형 메가 처치의 성공담들이 대부분 교회들의 우상의 모습은 아닌가?

시편 51편의 다윗의 시구(詩句)처럼 모든 잘못을 우리의 마음 중심을 주장하시는 하나님 앞에 내려놓고 자복하는 회개의 영을 붙들고 무릎 꿇는 우리 모두가 되기를 기도한다.

"하나님이여 내 속에 정한 마음을 창조하시고 내 안에 정직한 영을 새롭게 하소서…주의 구원의 즐거움을 내게 회복시켜 주시고 자원하는 심령을 주사 나를 붙드소서" (시편 51:10-12).

"다시금 우리 주님의 머리 되심 안에서 한 지체로 그분의 뜻을 세상에 전파하고, 십자가 사랑을 실천하는 증거자 역할을 잘 감당하여, 실추된 세상의 신뢰를 되살리고 칭찬을 듣는 무리가 되어 찬양과 영광을 주님께 올려 드리는 교회들 되게 하소서. 많고 크고 높고 보기에 멋진 교회보다는, 풍성한 믿음과 진실된 섬김의 향기가 가득한 내실 있는 멋진 교회들이 되게 하옵소서."

두 번째 방황
―창업

아발란치를 산 미국 회사의 본사는 위스콘신에 있었다. 매각 후 나는 회사를 떠났지만 직원들은 회사에 남았다. 하지만 몇 년 후 회사가 위스콘신으로 이사를 하게 되자 사정이 달라졌다. 위스콘신으로 따라가지 못한 직원들은 하루아침에 실업자가 되었다. 가족의 터전이 이곳에 있는데다, 춥고 상대적으로 시골인 위스콘신으로 이사할 수 없었던 것이다.

10년 이상 일했던 직원들이 나를 찾아왔다.

"회장님, 우리 다시 한번 해 봅시다."

가족처럼 지내던 직원들을 보니 사정은 딱했지만 어쩔 수 없었다.

"나는 은퇴한 목적이 분명하기 때문에 다시는 비즈니스 쪽으로 안 돌아갑니다."

직원들과는 좋은 관계를 유지했고 회사 매각 후에는 전별금까지 챙겨주었다. 그것으로 내가 할 몫은 했다고 생각해서 마음의 빚은 없었다. 하지만 옛 직원들은 포기하지 않고 계속 찾아와 간청하는 것이었다.

그러던 어느 날 성령님이 마음속에 이런 생각을 부어 주셨다.
'너는 은퇴해도 먹고 살 것 걱정이 없지. 하지만 생사고락을 같이 했던 저 직원들을 보아라. 일자리가 없어져서 저렇게 찾아오는데 계속 못 본 체할 거냐?'

하나님의 뜻을 헤아리는 과정에서 나는 어쩔 수 없이 조건부로 승낙을 하게 되었다.

"그렇다면 당신들도 각자 형편대로 투자해서 회사의 주인이 되십시오. 그렇다면 나도 투자하겠습니다. 전에는 내가 오너였지만 이제 당신들 한 사람 한 사람이 나와 동업자가 되는 겁니다."

"Orange Circle Studio" 창업

나의 제안에 모두 동의했으나 마침 그때는 2009년, 미국이 금융위기를 맞은 때였다. 집을 담보로 은행에서 투자금을 마련하려던 직원들의 계획은 물거품이 되었다. 단 한 사람만 힘들게 투자금 5만 불을 가지고 왔다. 결국 내가 다시 돈을 투자해서 회사를 만들 수밖에 없었다. 그것이 바로 지금의 Studio Oh!, OCS(Orange Circle Studio)이다.

회사는 만들었지만 금융위기가 계속되면서 사업은 잘 안 풀렸다. 힘든 시간을 보내는 모습을 본 아들이 다시 나를 돕겠다고 나섰다. 아발란치를 매각할 때도 큰 힘이 되어 주었던 아들이었다. 일단 돕다가 회사가 잘 되면 그때 다시 학교로 돌아가도 되니 별 문제없다고 오히려 나를 안심시켰다.

아들과의 불화, 극복의 과정들

자녀를 키워본 사람들은 공감하겠지만 자녀가 사춘기일 때 여러 가지 사춘기 증후군 현상이 나타난다. 아들 대니얼이 고등학생이었을 때 미식축구를 했는데, 함께 어울리는 아이들이 나에게는 영 못마땅했다. 공부도 내가 기대하는 만큼 열심히 안 하는 것 같아 아비로서 잔소리와 꾸중을 많이 했다.

한국식으로 아이를 키우면서 가벼운 손찌검을 하기도 했다. 그런데 사춘기가 지나 덩치도 커지고 힘이 세지니 내 손에 든 회초리를 빼앗아가며 대드는 일도 있었다. 어느 날인가 소소한 문제로 호통을 치는데 대니얼이 오히려 내 손을 탁 잡는 것이 아닌가. 그 순간 충격과 동시에 정신이 번쩍 들었다.

'아차, 이놈이 컸구나. 이제 애가 아니구나!'

아들에게 손목을 잡히고는 얼마나 놀라고 당황했는지 모른다. 그런데 문득 이런 생각이 들었다.

'자식이 잘못을 저지르고 자식 된 도리를 다하지 못할 때, 아버지로서 야단만 치는 것이 당연한 처벌인가? 그렇다면 하나님의 눈에 비친 네 모습은 어떨 것 같으냐? 너의 허물, 부족함, 잘못, 불순종, 변덕, 게으름 등 온갖 부끄러운 것들을 무시로 보시는 하나님의 심정은 어떨까 생각해 보아라. 별의별 야단을 다 쳐도 부족할 텐데 오히려 너를 측은히 여기시고 감싸주시는 그 사랑은 못 느꼈는가? 성에 차지 않았다고 야단치는 것이 과연 바른 교육인가!'

하나님은 내 눈의 들보를 말씀하고 계셨다. 영혼을 깊숙하게 울리는 내면의 음성에 그 자리에 무릎을 꿇었다. 하나님 앞에 통곡했다.

"맞습니다. 제가 제 모습을 제대로 보지 못했습니다. 용서하십시오."

눈물에는 하나님을 향한 고백이, 아들을 향한 사랑이, 그리고 뉘우침의 회한이 담겨 있었다. 대니얼도 그때의 내 모습을 기억할 것이다. 자기에게 불같이 화를 내고 야단을 치던 아버지가 갑자기 엎드려 잘못을 고백하며 눈물을 흘리는 모습을….

인간의 한계 위에 하나님은 섭리하신다.

풋볼팀에 들어가 밤 늦게까지 운동한답시고 돌아다니는 아들이 못마땅해서 그만두게 하려고 온갖 회유와 협박으로 갖은 애를 썼다. 하지만 아들이 운동을 내려놓게 된 계기는 우리의 수고에 있지 않았다. 그것은 놀라운 하나님의 역사였다.

믿음을 먼저 받아들인 딸이 동생의 영혼 구원을 위해 '하비스트(Harvest) 복음 집회'에 데리고 갔다. 에인절스 야구장 관중석을 가득 채운 사람들 가운데서 대니얼은 성령의 인도함으로 깊은 변화를 경험했다. 전도대회를 통해 대니얼은 예수 그리스도의 사랑을 깨닫고 인생의 방향을 정했다.

자발적으로 운동을 포기한 후 공부에 올인했고 그의 성적은 급상승했다. 어느 날 대니얼은 기대에 찬 표정으로 자신감 있게 성적표를 내밀었다. 자세히 보니 온통 A학점인데 B학점 하나가 유독 눈에 들어왔다.

"이거 B는 뭐냐?

그 순간 아들의 표정이 굳어졌다. 당황한 듯한 아들의 표정에 내가 더 놀랐다. 사실 나는 속으로 아들이 참 잘했다고 생각했는데 생각밖의 말이 무심코 툭 튀어나온 것이다. 아버지의 인정과 칭찬을 기대하고 성적표를 내밀었는데 수많은 A학점들 속에 딱 하나 있는 B학점을 지적하니 십대 아들의 마음이 어땠을까….

이 일로 아들이 큰 상처를 받았다는 걸 아내로부터 전해 들었다. 지금 생각해도 참 미안한 일이다. 아들의 마음에 남은 상처가 하나님의 도우심으로 치유되었으리라 믿고 싶다.

아들의 마음을 상하게 한 사건은 또 있다. 딸이 고등학교 2학년 때 등교를 위해 토요타 새 차를 사줬지만, 아들에게는 중고차를 사준 것이다. 이것 역시 아들의 마음을 무척 서운하게 한 모양이었다. 자신은 늘 인정받지 못한다는 생각까지 할 정도였다고 들었다. 모두 지나간 일이긴 하나 미안한 마음을 가지고 있다. 반면에 아들은 얼마 전 내게 정말 비싼 차를 선물해주었다. 누가 보면 "아들이 아버지보다 낫다"라고 할 것 같다.

축복과 반전의
역사

    회사 운영을 힘들어하는 나를 위해 아들이 휴직하고 도와준다고 하니 정말 고마웠다.

    대니얼은 아발란치를 매각할 때 직접 관여한 적이 있어서 비즈니스에 대한 경험이 있었고, 창의적인 마음으로 새로운 아이디어를 개발하는 것을 좋아했다.

    UCLA에서 토목공학 교수로 재직할 때 대니얼은 정부 지원금을 받아 특별 지질 안전검사 시스템 개발 프로젝트에 참여했다. 2년에 걸쳐 기계를 개발하고, 개발 축하 기념식을 앞둔 밤에 누가 기계에 설탕을 부어버린 사건이 있었다. 정밀기계에 설탕이 들어가면 그것으로 끝장이다. 어린 나이에 박사 학위도 받고 새로운 시스템을 개발했으니 질시의 대상이 될 만도 했다. 그 사건을 통해 대니얼은 인간의 실망적인(?) 본성과 경쟁사회에서의 냉혹한 현실을 피부로 절감했던 것 같다. 그런 여러 과정을 겪은 계기로 대니얼은 대학 교수직을 내려놓고 OCS에서 일하기 시작했다.

나와 대니얼은 세대 차이와 성격 차이도 있지만 비즈니스 접근 방식에도 차이가 있었다. 나는 조심스럽고 안정적인 선택을 하는 편인데, 대니얼은 빠른 두뇌와 빠른 결정력으로 일하는 스타일이다. 그런데도 거의 실수가 없는 걸 보면 신기하다. 제품 개발에서도 나는 기능을 더 강조하는 반면 대니얼은 시각적 디자인과 패션(fashion trend)을 중시한다.

회사에서 같이 일하면서 비즈니스 선배로서 아들을 가르치려고 노력했다. 그러나 부부 사이도 운전과 골프를 가르치는 것이 어렵다는 말처럼, 아버지와 아들 사이의 비즈니스 관계도 쉽지 않았다.

우리는 의견 충돌이 잦았다. 나는 경험을 바탕으로 아들에게 조언했지만, 대니얼은 자신의 스타일을 고집했다. 이렇게 매사에 부딪히다 보니 힘든 상황이 계속되었다. 어느 날 아들은 결심한 듯 한마디 했다.

"어차피 아버지의 인정을 받지 못한다면 더 이상 회사에 나오지 않겠습니다."

나 역시 지지 않고 말했다.

"그래? 그렇다면 나오지 마."

답답하고 속이 상했다. 또다시 아들과 갈등이 심해지니 이렇게 하다가는 회사고 뭐고 다 깨어지겠다 싶었다. 마음을 내려놓고 하나님 앞에 다시 엎드렸다. 그런데 내 마음 깊은 곳에서 음성이 들려왔다.

"이제 그만 아들에게 넘겨라. 회사의 진짜 CEO는 내가 아니더냐?"

성령의 소리에 나는 두 손을 들고 항복했다.

'그래, 내 생각과 욕심으로 아들을 묶지 말고 하나님의 은혜와 섭리 중에 풀어주자. 지금껏 회사도 내가 스스로 운영해 온 것이 아니라 하나님, 그분이 경영해 오시지 않았는가!'

기도로 엎드린 그 자리에서 나의 구시대적이고 권위적 사고를 다 내려놓았다. 그리고 회사를 아들에게 넘겨주기로 결단했다.

놀랍게도 이 결정은 해결책이 되었다. 내 마음은 가벼워졌고 아들은 더욱 큰 책임감을 가지고 회사 운영에 진력했다.

OCS도 아발란치 컨셉처럼 초창기엔 캘린더나 플래너를 제작했다. 그런데 스마트폰이 보급되면서 미국 캘린더 시장이 많이 위축되었다. 지금은 다시 활성화가 되고 있어 사라질 비즈니스는 아니지만 시장은 줄어들고 있는 상황이다.

대니얼은 OCS의 비즈니스 모델을 기프트 아이템(gift items) 쪽으로 전환했다. 캘린더와 플래너 중심에서 기프트 아이템을 추가하기 시작한 것이다. 설립 4년 차에는 기프트 제품이 주력 상품이 되면서 회사가 크게 성장하여 아발란치보다 외형 매출고가 4~5배 이상 커졌다.

2022년에는 베이비 출산용품 전문회사를 인수하여 아이템 수가 또 늘어나 기프트 아이템이 300~400종에 달한다. OCS의 Studio Oh! 브랜드에 쥬쥬비(Jujube) 브랜드가 추가되며, 트렌디하고 패셔너블한 유명 브랜드로 각광을 받았다.

회사가 성장일로를 달려가는 과정에 아들과의 관계도 회복되었다.

아들은 고백했다.

"회사를 운영해 보니, 이제야 아버지의 심정과 말씀들을 이해하게 되었습니다. 나를 믿고 맡겨 주신 아버지 믿음에 실망을 드리지 않기 위해서라도 한결 더 열심히, 그리고 정성껏 잘 하겠으니 걱정하지 마세요."

나는 그렇게 말해주는 아들이 오히려 더 고마웠다. 그 후 나의 항암 투병 중에도 아들은 든든한 버팀목이 되어 주었다. 의사 친구들을 동원해 치료 방법을 찾는 일에 힘을 기울이는가 하면, 수시로 안부를 물으며 필요한 것은 없는지 꼼꼼히 챙겨주었다. 항공권과 숙소를 예약하는 일도 늘 도맡아 하면서 늘 아들이 신신당부하는 말이 있다.

"그동안 바빠서 못했던 여행도 하시면서 어머니와 좋은 시간들을 마음껏 가지고 즐기세요."

어느새 아들이 어른 같고 아버지는 아이가 되어 버렸다. 내 인생의 봄은 오래전 지났으나 아들의 봄은 한창이다. 분명 OCS는 해마다 풍성한 꽃을 피우리라 기대한다.

이 모든 놀라운 반전과 축복의 역사는, 어려움에 직면하여 자신을 비우고 하나님의 도움을 구하는 믿음의 사람에게 주시는 하나님의 응답이라고 생각한다.

변호사 사위에게 코드라를 맡기다

우리 부부에게는 사위도 귀한 아들이다. 천성이 선하고 정직하며 또 신실한 신앙의 청년으로 잘 성장한 사위를 얻는 것은 가정의 축복이었다. 그러나 사위와도 한때 갈등이 있었다.

LA 한인사회에서 첫 공인회계사(CPA)였던 사돈어른은 미국에 와서 사위를 낳았다. 한국에 가본 적도 없고 한국어를 배운 적도 없는 사위는 미국인처럼 자랐다. 로스쿨을 나와 변호사가 된 사위는 내 딸을 교회(Grace Community Church: 미국 개신교의 상징인 존 맥아더 담임목사)에서 만나 결혼했다.

하지만 한국말을 못 하는 사위는 한국 문화를 제대로 알지 못해 오해가 잦은 데다가 나이까지 젊어 한인타운에서 변호사로 일하는 것이 여러모로 쉽지 않았다. 착하기만 하고 융통성이 없다 보니 이민 1세 중소기업 사장들을 상대로 하는 상법 관련 변호사 일이 순탄하지 않았다. 지켜보던 나는 사위에게 제안했다.

"사업을 해보는 게 어때?"

나의 제안을 받아들인 사위는 내 밑에서 비즈니스를 배우기로 했다. 하지만 서로 다른 사고방식과 문화적, 언어적 차이로 인해 종종 오해와 섭섭함이 생겨나곤 했다.

나는 가끔 인내심을 잃고 언성을 높였고, 사위는 이러한 나의 비판을 받아들이기 힘들어했다. 마치 서로 다른 세계에서 온 듯, 이런 상황이 반복되었다. 문화적 차이에서 비롯된 것임을 알면서도, 이대로 방치하면 딸을 포함한 가족 관계 전체에 악영향을 미칠까 걱정이 되었다.

그리스도의 겸손으로

해결책을 찾기 위한 고민 끝에 사위에게 제안했다. 같이 심리 상담을 받아 보기로 한 것이다. 사실 많이 주저했다. 장인인 내가 자식 같은 사위와 함께 상담실에 앉아있는 모습을 상상하니 자존심이 허락하지 않았다. 새파랗게 젊은 상담사가 배운 대로 실습하는 듯한 느낌도 들었고, 나이 든 내가 인생 상담을 받는다는 사실이 기가 막히기도 했다.

"서로에 대해 어떻게 생각하는지 노트에 써 오세요."

상담사의 지시에 따라 나는 최대한 마음을 열고 시키는 대로 다 했다. 몇 주에 걸친 상담 과정 동안 예수 그리스도의 겸손에 대해 묵상했다. 예수 그리스도를 닮아가는 피스메이커가 되기 위해 체면과 권위를 다 내려놓은 것이다.

시작은 미약하였으나 그 결심의 마음을 미쁘시게 보신 성령의 도우심으로 사위와의 상처들이 많이 치유되었다. 서로의 다름을 이해하고 품어주는 진전과 함께 나는 비로소 소중한 영적 깨달음을 얻을 수 있었다. 예수 그리스도의 겸손(humility)의 본질에 한 걸음 더 가까이 다가갈 수 있게 된 것이다.

> "그는 하나님의 본체시나 하나님과 동등됨을 취할 것으로 여기지 아니하시고 오히려 자기를 비워 종의 형체를 가지사 사람들과 같이 되셨고 사람의 모양으로 나타나사 자기를 낮추시고 죽기까지 복종하셨으니 곧 십자가에 죽으심이라" (빌립보서 2:6~8).

이 경험을 통해 그동안 성경 구절로만 배웠던 주님의 겸손, 사랑, 그리고 희생의 진정한 의미를 깨달을 수 있었다. 그 깨달음은 내 마음 깊은 곳을 울리며 감동시켰다. 이러한 변화가 일어난 지 얼마 지나지 않아, 사위로부터 뜻깊은 고백을 듣게 되었다.

"아버님, 이제는 아버님께서 그때 왜 저에게 그렇게 말씀하셨는지 이해가 돼요. 미안해요. 그때는 몰랐어요. 요즘 직원들이 속 썩일 때마다 아버님이 말씀하신 것을 기억하고 가르쳐 주신 대로 하려고 하고 있어요. 정말 감사해요."

놀라운 반전이었다. 기도와 함께 자존심을 내려놓았던 결단이 씨앗이 되어 선한 열매를 맺은 것이다. 사위는 내가 대우그룹을 퇴사한 후 하나님께서 나에게 열어 주신 첫 창업회사인 코드라(CODRA Enterprises, Inc. 1985년 창업)를 인수하여 지금까지 운영하며 더 큰 축복의 결실을 거두고 있다. 대우그룹을 떠난 후 또 다른 광야에서 하나님을 섬기고 알아가는 과정에서, 코드라는 이스라엘 백성에게 내려 주신 만나처럼, 또 사막의 샘물처럼 주신 기업이었다. 지금 이 회사는 미국에서 개신교 원로 목사로 존경받는 존 맥아더 목사님의 새번역 특별 영어 성경을 제작하고 미국 전역에 배포하는 특권을 누리고 있다.

"인격적인 신앙인이고, 가정적인 가장이요, 믿음의 모범인 사위를 허락하시고, 그를 통해 하나님의 '진리의 책' 성경 출판이라는 특별한 사명을 주신 하나님께 모든 영광을 돌립니다."

| 온누리교회 하용조 목사님 코드라 방문

　온누리교회를 시무하시던 고(故) 하용조 목사님께서 1995년 무렵 코드라를 방문하신 적이 있다. 두란노서원 미국 책임자가 하용조 목사님께 코드라의 출판물에 대해 소개했던 것이다. 코드라에 오신 하용조 목사님은 아발린치 캘린더를 보시고 매우 흥미있어 하시며 많은 관심을 보이셨다. 문서 선교에 대한 비전을 말씀하시면서 한국 두란노서원에 아발린치 캘린더를 소개해 주시기도 하셨다.

12, 감사의 숫자

　삶을 돌아보면 나는 아무 공로 없는 위인이요, 하나님 앞에 무익하기 짝이 없는 불초일 뿐임을 깨닫는다. 그럼에도 하나님은 너무도 많은 복을 주셨다. 내 삶 자체가 축복이었고, 내 가족과 사업 또한 큰 축복이었다. 그 축복의 첫 물꼬는 신앙인인 아내와 믿음의 약속으로 결혼하게 하신 것이며, 또한 넘치는 복의 물줄기 속에서 마침내 딸과 아들 남매에게 각각 2남 1녀의 손주들을 주시어 도합 12명의 복된 가족을 영적 가나안 땅 이곳 남가주 어바인(Irvine)시에 허락하셨다고 믿는다.

"네 시작은 미약하였으나 네 나중은 심히 창대하리라" (욥기 8:7).

약속하신 하나님의 은혜가 충만하게 이루어진 것이다.

성경에서도 12라는 숫자가 빈번히 등장한다. 하나님의 완전한 통치라는 특별한 의미를 담고 있는 12의 예시 몇 가지를 떠올려 본다. 이스라엘 열두 지파, 사사기에 등장하는 열두 사사, 엘리야가 쌓은 돌 제단도 12개, 예수님의 열두 제자, 오병이어의 기적에서 남은 것이 열두 광주리…. 억지로 그 뜻을 꿰어 맞추고 싶지는 않지만, 크리스천들에게 12라는 숫자는 많은 것을 상기시킨다.

그런데 어느 날 오후, 햇빛이 비치는 어바인 집 뒤뜰에서 그 숫자와 연결될 만한 또 다른 특별한 광경이 눈에 들어왔다. 어미 물오리와 그 뒤를 따라 열을 지어 따르는 새끼 물오리 12마리를 발견한 것이다. 사실 우리 집은 연못과는 거리가 먼 언덕 위에 자리하고 있기 때문에, 갓 태어난 듯 보이는 작은 새끼들과 어미 물오리가 뒤뜰에 나타난 것 자체가 매우 특이하고 드문 일이었다.

어미 물오리는 뒤따르는 12마리의 새끼 물오리들이 낙오되지는 않는지, 흩어지지는 않는지, 주변 위험에 노출되는 것은 아닌지 계속 뒤를 살피며 주변을 경계하고, 새끼들을 돌보고 있었다. 그 모습을 지켜보던 나는 가슴이 뭉클했다. 뒤뚱뒤뚱 걷는 것조차 힘겨운 어린 새끼들을 돌보기 위해 어미로서 애쓰는 정성과 사랑이 오랫동안 마음에 남았다. 우리의 하나님께서도 사랑으로 이처럼 우리를 돌보시고 이끄시지 않던가! 우연히 뒤뜰에서 마주한 오리 가족은 하나님의 지극한 내리사랑이 연상되는 잊지 못할 풍경이었다.

이렇듯, 나에게 12는 감사의 숫자이다. 아들과 딸이 결혼해서 각각 2남 1녀를 낳아 모두 12명의 가족을 이루게 되었다. 아내가 눈물과 기도로 뿌린 믿음의 씨앗이 이렇게 열매로 나타난 것이다.

사랑하는 손자손녀들과

물론 나도 그 열매 가운데 하나이다.

지금은 핵가족 시대이고 자녀도 많이 낳지 않는다. 모두 한 자리에 모이는 것도 쉽지 않다. 가족들의 생일이나 명절 때 겨우 모인다. 더욱이 미국은 땅덩어리가 워낙 크다 보니 다른 주에서 대학을 다니거나 취직하기라도 하면 서로 오가기도 쉽지 않다. 국내선 비행기를 타더라도 긴 시간이 걸린다.

그런데 감사하게도 우리 가족은 30분이면 오갈 수 있는 거리에 살고 있다. 의도한 일은 전혀 아니다. 그러니 하나님의 은혜라는 고백을 하지 않을 수 없다. 추수감사절, 성탄절, 새해, 생일마다 한 자리에 모여 식사하고 받은 복을 세어보는 기쁨은 하나님이 주신 축복의 은혜다. 이렇게 12라는 숫자는 내게 하나님의 특별한 은혜로 새겨진 숫자다.

은행 합병
—뱅크 오브 호프

18년간의 은행 이사직

회사를 매각하고 OCS를 아들에게 넘긴 후에도 나의 영적 방황은 계속되었다. 무엇인가 한정적으로라도 의미 있는 일을 찾으려고 물색하던 중, 은행 운영과 관련된 일이면 좋겠다는 생각에 기도를 시작했다.

'하나님, 은행과 관련된 일을 하고 싶습니다.'

기도를 시작한 지 반년 남짓 흐른 어느 날, 우리와 거래하던 은행에서 연락이 왔다. N은행 행장의 전화였다.

"회장님을 저희 은행 이사 후보로 추대하고 싶습니다."

이사회 결정이라고 했다. 처음에는 믿기지 않았다. 은행 이사회에 딱히 알 만한 사람이 없었기 때문이었다. 알고 보니 은행의 성장에 맞춰 이사회 기능을 보강하자는 결정으로, 고객 중 한 사람을 이사로 모시자는 의견이 나왔다고 한다. 북가주 산호세 지역에 사시는 L회장님의 천거로 시작된 것이었다.

L회장님은 미주 한인 교포사회의 대표적 인물로, 사업에 크게 성공하셨고 미국 주류 워싱턴 정계나 재계에도 널리 알려지신 분이었다. 또한 사회복지 자선재단(philanthropist)을 통해 지역 사회에 큰 공헌을 하신 분이기도 했다. 우연이라고 생각할 수도 있겠지만, 이렇게 은행에 연결되게 된 것은 믿음의 눈으로 보면 기도의 응답이었다.

이렇게 하나님 은혜로 은행 이사로 들어가게 되었다. 당시 금융위기의 불경기를 거친 은행들은 자체적인 재정비가 필요했다. 나는 내가 해야 할 일이 무엇인지 분명히 보였다.

'그래서 하나님이 날 이곳에 보내셨구나.'

당시 한인타운에는 고만고만한 한국계 은행이 10여 개 이상 있었다. 이 작은 은행들 사이에 경쟁이 치열했다. 한인타운 크기에 비해 은행 수가 많다 보니 당연한 일이기도 했다. 이에 은행 감독 기관은 각 은행의 재정 건전성과 안전성 채비에 강력한 기준으로 은행 이사회를 압박하게 되었다. 이러한 상태가 지속된다면 머지않아 많은 은행이 위험에 처할 수 있는 상황이었다.

이 은행들은 1980년대에 다양한 직종에 종사하는 이민 1세 한국인들이 자체 기금으로 설립했다. 전문가가 부족했던 초기에는 투자자들이 은행의 이사회를 구성했다. 그러나 시간이 흘러 이제는 제대로 된 소유와 경영의 분리, 그리고 책임과 권한에 대한 인식이 강화되어야 할 때였다. 이사회의 체질 개선이 필요한 시점이었던 것이다.

뱅크 오브 호프의 탄생

나는 이사회에서 하나의 해법으로 합병을 제시했다. 갓 이사가 된 나는 발언권도 없었을 뿐더러 주식도 보유하고 있지 않았다. 그야말로 이방인이나 다름없었다. 교포은행의 앞날을 위해서는 먼저 합병을 통한 '규모의 경제성'이 가장 중요한 토픽(topic)이라고 판단했다. 각자의 실익과 기대치가 달랐기에 내 제안에 찬성하는 사람도 있고 반대하는 사람도 있어 결론 도출이 어려워졌다.

그러던 중 때마침 한인타운에서 잘 알려진 변호사요 회계사로 유망한 전문인 K사장(현 Bank of Hope 행장 겸 회장)이 C은행의 새 이사로 영입되었다. 그쪽도 상황이 비슷했다. 기존 은행 이사들의 전문성과 역량을 끌어올리기 위해 K사장을 스카우트한 것이다.

만나보니 여러모로 대화가 통했다. 교포 은행 업계의 앞날에 대한 비전이나 사고방식에도 깊은 공감대가 형성되었다. 마치 누군가 앞날을 위해 짝을 맞춰 만나게 하신 것 같다는 생각이 들 정도였다.

N은행과 C은행 모두 이전에도 합병을 시도했으나 좀처럼 결실을 보지 못했다. 그런데 이번에 C은행과 N은행의 대표로 만나, 한인 은행 업계의 오랜 난제를 푸는 해법을 찾는 데 함께 쓰임 받게 된 것이다. 각자의 이사회에 합병의 당위성을 설명하고 내부의 비협조와 장애물들을 설득과 조정을 통해 극복하여, 마침내 한인타운에서 역사적인 '한인 은행 합병'이라는 쾌거를 이루었다.

이를 시작으로 2~3개 은행 합병을 몇 년 간격으로 이어갔다. 그 결과 지금의 뱅크 오브 호프(Bank of Hope)가 설립되었다. 이렇게 힘을 합쳐 한인 은행 업계의 미래 발전을 위한 기초석 같은 큰 역사를 이루어 낼 수 있었다.

알고 보니, 함께 했던 K사장도 나처럼 근처 지역교회를 섬기는 신실한 시무장로였다. 이는 우연이 아니라 미주 한인 디아스포라 교포 사회를 향하신 하나님의 긍휼과 은혜의 징표를 나타내신 필연적 만남이었다고 생각한다.

두 장로의 기도와 합력을 통해 합병된 은행이 지금은 자산 200억 달러 수준으로 성장했다. 미주 한인 경제 규모에 걸맞은 은행으로 성장하여, 미국 내 5,000여 개 은행 중 상위 100위권에 들게 되는 괄목할 만한 성과를 거둘 수 있었다.

그렇게 어언 18년의 은행 이사직을 수행했다. 분에 넘치는 여러 리더십 자리와 이사회 회장직의 리더 자리도 역임하게 된 것은 전적으로 하나님의 은혜이다. 방황하던 시간조차 이렇게 유익한 결실로 채워 주시는 하나님께 모든 감사와 경배를 드린다.

세 번째 방황
―섬김

 우리 가족이 처음으로 정착하였던 사우스 베이를 떠나 오렌지 카운티로 이사하면서 새롭게 섬길 교회를 찾게 되었다. 마침 첫 친손자의 유아세례를 축하하기 위해 아들 내외가 출석하는 한인 장로교회를 방문하게 되었는데 한어 사역부가 겪고 있는 개척 초창기의 어려움을 지켜보면서 안타까운 마음이 들었다.
 '그래, 은퇴 후 특별한 소명을 기다리느라 막연히 시간을 보내기보다 지금 당장 도움과 협력이 필요한 미자립 교회를 돕는 것도 의미가 있으리라.'
 나는 작은 자를 돕는 것을 하나님도 기뻐하실 것이라고 생각했다. 그래서 담임목사님과 대화를 나누고 교회가 자리를 잡을 때까지 함께 하기로 했다. 그 후 15년 동안 그 교회를 다니면서 어떻게 하면 더 효과적으로 도울 수 있을지 고민했다. 장로로서 제자 훈련, 교회 플래닝, 리더십 트레이닝 등 주님이 주신 달란트로 열정을 다해 교회를 섬겼다.

교회는 15년 동안 꾸준히 성장하여 중형교회의 면모를 갖추게 되었다. 교인 수도 150~200명으로 늘어났다. 그런데 교회가 어느 정도 커지자 이전에는 없던 갈등과 잡음이 생겼다. 교인들도 밑 빠진 독에 물 붓듯 계속 빠져나가는 것이 아닌가!

이러한 안타까운 사태를 해결해 보고자 나는 피스메이커(peace maker) 역을 자처하며 해결 방안을 위해 많은 심혈을 기울였다. 그러나 결과적으로는 큰 열매를 거두지 못했다. 내가 겪고 목격한 것들은 단지 이 교회의 문제만이 아니라 이 시대 한인 교포사회 교회의 전반적인 현상임을 인정하지 않을 수 없었다.

사람이 여럿 모이다 보면 각자의 생각과 의견이 달라 분열과 갈등이 생기기 마련이다. 지난 삶을 돌이켜보니 나는 회사에서나 교회에서나 일반 집단에서 분쟁과 갈등이 있을 때는 피스메이커(중재자)의 역할을 위해 애썼던 경우가 많았다. 하나님이 내게 주신 달란트 중 하나라고 생각한다. 또한 쓴소리꾼이기도 한데, 옳지 않은 것을 보면 참지 못하고 반드시 바른 소리를 하기 때문이다.

싸움을 말리고, 분쟁을 잠재우고, 분리된 것들을 하나로 모으면서 중재자 역할을 잘 해내기 위해 많은 노력을 기울였다. 그러다 보니 '피스메이커'라는 별명도 생겼다. 교회에서 피스메이커(peace maker) 사역의 창시자인 Ken Sande의 교재로 '피스메이커' 클래스의 강사가 되기도 했다.

영적 리더십-서번트 리더십

우리는 각자 자신의 일과 역할을 통해 타인에게 크든 작든 영향을 미치는 위치에 있다. 이러한 영향력은 모든 리더에게 중요한 역할 중 하나라고 생각한다.

나는 리더십이나 하나님의 사람으로서의 청지기상에 대해 묵상할 때마다 아브라함의 종 엘리에셀을 떠올리곤 한다. 엘리에셀은 아브라함이 신뢰하는 종이자 또한 위임받은 책임을 갖고 있는 리더이다. 엘리에셀의 충성심과 신실함, 책임감은 남달랐다. 이는 리더로서 필수 요소이기도 하다.

엘리에셀이 아브라함의 명령을 받고, 아들 이삭의 아내를 선택하기 위해 아브라함의 고향 하란으로 먼 길을 떠난다. 낙타를 타고 가도 20일이 넘게 걸리는 거리다. 거리도 멀지만 주인의 대를 이어갈 며느리요 이스라엘 백성의 대를 잇는 자리의 임자를 구해야 하는 책임이 막중한 여행이다. 하란 성읍에 이르자 엘리에셀은 이렇게 하나님께 기도한다.

"우리 주인 아브라함의 하나님 여호와여 원하건대 오늘 나에게 순조롭게 만나게 하사 내 주인 아브라함에게 은혜를 베푸시옵소서"(창세기 24:12).

엘리에셀이 이 여행을 준비하는 지혜로움, 기도하는 모습이나 행동하는 방식 모두 나에게 감동을 준다. 주인의 명을 이행하기 위해 철저히 숙지하여 준비하고, 우물가에서 이모저모로 리브가의 사람됨과 믿음을 살피는 모습, 주인 아브라함에게 하나님의 은총을 간구하는 기도를 하고 믿음대로 여행하며 하나님의 인도하심을 기다리는 그 모습을 상상하면 할수록 감탄하게 된다.

게다가 기도가 성취될 때까지 저녁 식탁도 물려 놓고, 며칠 쉬고 가라는 주인의 부탁마저 사양하며 다음날 아침을 기다려, 하루의 지체도 없이, 주인에게 기쁜 소식을 전하기 위해 애쓰는 충성심은 감탄에 감탄을 거듭할 만큼 훌륭하다.

크리스천들은 모두 하나님의 종이고, 청지기이며 리더라고 생각한다. 종의 자세를 이처럼 명확하게 보여주는 인물이 있을까? 하나님께 순종하고, 책임감 있게 임무를 수행하고, 사람들에게 하나님의 뜻이 이뤄질 수 있도록 역할을 잘 감당하는 것이야말로 선한 청지기의 본보기라고 생각한다. 이와 같은 리더십을 통해 믿음의 조상 아브라함의 대를 이루는 성경 족보의 역사가 시작된 것이리라.

섬김의 리더십 (Servant Leadership)

'섬김의 리더십'(Servant Leadership)은 일반 사회에서도 주요한 트렌드로 부상하며 많은 리더들의 관심을 받고 있다. 이는 헤르만 헤세의 수필집 《동방 순례》(The journey to the East)의 이야기 속에 나오는 레오(Leo)라는 하인 겸 심부름꾼의 역할에서 비롯된 것이라고 할 수 있겠다. 레오(Leo)가 멀고 먼 여행길의 모든 허드렛일을 다 감당하며 동방선교단원들을 섬기는 모습을 보고 미국의 Robert Greenleaf가 '리더의 마음(정신)-Servant Leadership'으로 이론화시키며 '섬김의 리더십'이라는 학술연구단체를 시작하게 된 것이다.

책 속에서 레오는 진실되고 상쾌하며, 무엇이든지 또 누구에게든 편안함을 주는 심부름꾼이자 짐 나르는 하인이었다. 하루하루 순례단의 다양한 사람들의 갖가지 요구를 들어주며 저녁이면 그들의 피로를 덜어주기 위하여 악기 연주까지 했다.

그러던 어느 날 갑자기 레오가 사라지게 되면서 순례단은 큰 혼란으로 동요가 일어나 끝내 중도에 해산하는 상황에까지 이르게 된다. 그도 그럴 것이 단원들에게 듬직한 의지와 평안, 그리고 동기부여가 되었던 레오의 '섬기는 하인'(servant) 역할이 사라지자 생긴 결과였다. 그로부터 몇 년 후 모두가 궁금해했던 레오의 실체가 드러났다.

레오는 하인이 아니었다. 실제로 동방 순례단의 대표이자 숨겨진 리더였음이 알려진 것이다. 모든 권위와 감독자의 지위에서 내려와 제일 아래 하인의 위치에서 순례단을 섬기던 그의 성품과 인격을 보고 시작된 리더의 새 모습이 바로 섬김의 리더십이다.

여기에서 우리는 두 가지 진리를 발견한다.

첫째, "Good Leaders must first become good servants"(R. Greenleaf).

좋은 리더는 반드시 먼저 좋은 섬김의 종이 되어야 한다.

리더의 실력과 능력 이전에 가장 중요한 덕목은 자기 사람들을 사랑하고 섬길 줄 알아야 한다는 진리이다.

둘째, "누구든지 첫째가 되고자 하면 뭇사람의 끝이 되며 뭇사람을 섬기는 자가 되어야 하리라" (마가복음 9:35).

이는 2,000년 전 예수께서 당신의 제자들에게 주신 교훈이다. 하늘 하나님의 보좌를 버리고 이 땅의 사람들을 구원하시려고 마구간에서 태어나 성육신하신 예수 그리스도의 희생과 사랑이 진정한 섬김의 리더십의 시작이고 참된 본(role model)이라고 믿고 감사를 드린다.

이렇듯 인류 역사상 가장 완벽한 서번트 리더십의 롤모델은 예수님이라고 생각한다. 교회가 교회 됨을 회복하기 위해서는 제자들의 발을 씻기신 예수님의 섬김의 리더십을 본받아야 하지 않을까? '권위의 위세는 긴장의 등을 돌리나 섬김의 정성은 감동의 사랑을 만든다'라는 말로 감히 제안해 본다.

7장

경이로운 고난,
암 투병이 축복의 통로가 되다

눈을 감고 짧은 묵상의 시간을 가졌다.
의외로 평화로웠다.
현실적으로 내가 할 수 있는 것이 하나도 없다는
사실을 인정하는 데서 오는 역설적인 평화였다.
비로소 내 마음이 낮아지면서 만군의 주,
생명의 주 하나님만 바라보게 되었다.
죽음은 결코 절망의 끝이 아니기 때문이다.
그분의 품에 안길 것이라는 소망의 위로였다.
내 인생 마지막 언덕 넘어 있을
새 하늘 새 땅의 길, 그 시작이 있기에….

고난의 시작에
함께하신 주님

"암입니다."

시티 오브 호프 암 전문병원에서 림프암 확진을 받았다.

'Why me?'

왜? 나에게? 나의 내면의 첫 외침이었다. 혼돈스러웠다. 까마득한 절벽 끝에 주저앉은 느낌이었다. 그 순간 스쳐 지나가는 죽음, 가족과의 이별…끊어진 필름처럼 툭툭 끊어지는 생각들. 패닉은 아니었는데 마치 온 세상이 꿈속처럼 희미했고 아스라했다. 이런 현실성 없는 현실이 있을까? 하지만 엄연한 현실이었다.

짧은 그 한마디에 큰 충격을 받긴 했으나 조금씩 마음이 차분해졌다. 무리하게 혹사했던 몸에 대한 우려가 현실로 나타난 것이라는 것. 그동안 너무 분주하게 살았다는 자각이 왔다. 막연히 한 번은 찾아오리라 생각했지만 엄연히 내 앞에 마주하게 된 현실이었다.

눈을 감고 짧은 묵상의 시간을 가졌다. 의외로 평화로웠다. 현실적으로 내가 할 수 있는 것이 하나도 없다는 사실을 인정하는 데서 오는 역설적인 평화였다. 비로소 내 마음이 낮아지면서 만군의 주, 생명의 주 하나님만 바라보게 되었다. 죽음은 결코 절망의 끝이 아니기 때문이다. 그분의 품에 안길 것이라는 소망의 위로였다. 내 인생 마지막 언덕 넘어 있을 새 하늘 새 땅의 길, 그 시작이 있기에….

암 치료-글자들이 사라진 페이지

치료가 시작되었다.

하필 코로나 팬데믹 기간이었다. 모든 병원은 팬데믹으로 환자들이 넘쳐났고 기다리는 사람으로 가득 차 북새통이었다. 저마다 울고, 소리치고 초조해하는 수많은 환자들 틈에서 최소 1~2시간을 기다려야 했다. 죽음에 대한 두려움과 고통에 대한 공포로 겁에 질린 사람들…. '나도 저 단계까지 가서 힘든 치료를 받게 되면 저런 막바지 원성과 고통의 쓴 소리가 나오게 될까?' 옆에서 보기만 해도 고통이 전이되는 것 같은, 그야말로 아수라장이었다.

모든 검사와 치료는 다 힘들겠지만 암의 경우는 특히 더 힘들었다. 암 환자들은 정기적으로 또 암 종류와 단계에 따라 여러 형태의 영상 검사를 받아야 한다. 엑스레이 촬영, 초음파 검사, 종양의 크기, CT 촬영, MRI 촬영을 한다. 그리고 암 조직의 대사 활동을 측정하기 위해 방사성 동위원소를 사용하는 PET(positron emission tomography) 스캔을 해야 한다.

이런 복잡한 검사 과정에서도 때로는 천사 같은 격려와 위로를 받기도 했다. 영상의학과에서 일하는 나이가 지긋한 간호사가 CT 촬영을 마친 내게 말했다.

"미스터 황, 이번이 마지막 치료입니다. 여기에서 다시 만나지 않았으면 좋겠습니다. 부디 다시 오지 마세요."

낯선 간호사였지만 각종 검사와 치료에 지친 나에게 큰 위로가 되었다. 그리스도인의 따뜻함으로 주님의 사랑을 실천하는 산 신앙의 자매가 아니었을까….

항암 치료를 위해 홀로 병실에 누워 여섯 시간 동안 키모 주사를 맞기를 여러 차례…여섯 시간 내내 벽만 바라보며 내 인생의 남은 시간과 마지막에 대해 생각했다. 죽음만큼 확실한 것은 없다. 그리고 죽음의 시간만큼 우리를 정직하게 하는 것도 없다. 여섯 시간은 긴 시간이기도 했지만 내 인생에서는 긴 시간이 아니었다. 죽음에 대한 묵상과 항암의 고통 뒤에 찾게 되는 하나님은 더욱 절실하고 간절했다.

"주님, 이 항암 치료를 통해 내 몸에 들어오는 화학 물질과 약물이 암세포를 없애는 것뿐만 아니라, 예수 그리스도의 보혈로 나의 내면의 거짓, 위선, 가증함, 허물, 죄성까지 영적으로 깨끗이 씻어내 주시기를 바랍니다. 제 생각과 모든 행실이 깨끗하게 청소되어 어린아이처럼 거듭나서 순전하고 새로워지게 해주십시오."

또 하나의 심장을 받아

그런데 그러한 간구의 시간이 오래 지나지 않아 이번에는 심장 부정맥에 문제가 발생했다. 항암 치료 후유증인지 아니면 노쇠 현상의 발병인지 알 수 없지만 연쇄적 질병의 고난이었다. 심장이 비정상적으로 작동하니 긴급하게 페이스메이커(pacemaker: 인공심박동기) 삽입 시술을 할 수밖에 없었다.

'Why me?'

"주님, 왜 나에게 이런 병을 주십니까?" 하면서 거듭거듭 여쭈었다. 하나님이 허락하신 고난의 의미를 제대로 알고 싶었다. 잠들지 못하고 침대에 엎드려 올려드리던 어느 새벽, 깊은 기도 중에 암과 심장병 투병의 영적 의미를 깨닫게 되었다.

그것은 징벌이 아니었다. 내 인생에서 더 이상 미룰 수 없는 것들에 대한 집중을 요구하는 기회였다. 꺼져 가고 있던 나의 둘째 서원의 불꽃을 다시 피워내고, 무너져 가던 그 약속의 성취를 회복하고 만회하기를 바라시는 하나님의 뜻이었다. 그리하여 내 인생 마지막 날 하늘의 부름을 받는 그때에 부끄러움을 떨치고 설 수 있게 하시려는 하나님의 사랑의 배려임을 깨달았다. 암을 통해 무슨 의미있는 삶을 찾지도 못하고 아직도 방황 중에 있는 나를 주저 앉히시고, 다시 비워진 마음으로 나를 내려 놓게 하신 것이다.

암은 치료하기 어려운 치명적인 병이고, 심장은 생명을 유지하는 핵심 기관이다. 이 두 질병은 인생과 생명에 대해 진지하게 고민하라는 하나님의 요구와 도전으로 받아들였다. 어떤 종말의 모습으로 나의 육신의 삶을 정리하고 하늘 아버지 앞에 설 것인가를 깊이 생각하게 되었다.

고난, 그 역경의 경이로움

근 10개월의 치료가 끝나면서 병원에서는 내 림프암이 레미션(remission) 단계에 있다고 했다. 나는 이것을 '다시(re) 사명(mission)'으로의 부름이라는 의미로 받아들인다. 페이스메이커에 의존해야 하는 나의 상황은, 이 시간이 오롯이 내 힘만으로 이루어진 것이 아니며, 나만의 의지대로 살 수 없다는 것을 잊지 않게 했다.

이는 내가 실천해야 할 서원을 이행해야 할 마지막 기회임을 알려주었다. 두 가지 질병을 통해 언제든 나를 부르실 수 있었던 하나님이, 여전히 살아 있게 하신 이유가 아닐까.

하지만 이것이 끝이 아니었다. 2023년 10월, 림프암 재발 진단을 받은 것이다. 정기검진을 받았는데 CT 검사 결과 이상 소견을 발견했다. 발 빠르게 조직 검사까지 진행되었다. 림프암의 재발이었다. 깊은 탄식이 절로 나왔다.

'다 끝났다고 생각했는데 다시금 인내의 터널을 지나가야 하는구나! 그 괴롭고 두렵고 고독한 과정을 또 지나는 아픔을 겪어야 하는구나.'

인생길을 걸어가면서 우리는 여러 우여곡절을 마주한다. 그때마다 일희일비(一喜一悲)를 경험한다. 그러나 그 어느 것 하나도 의미가 없는 것이 없다. 버려야 할 것도 없다. 지나고 보면 자성과 깨달음의 시간이었음을 알게 된다.

암세포가 다시 재발한 이유를 나는 의학적 의미를 찾기보다는, 하나님 뜻 안에서 찾는 것이 중요했다. 내 생명을 다스리시는 생명의 주요, 영생의 주께서는 다시 찾아온 암세포 재발의 고통을 통해 내게 어떤 은혜를 주실 것인가?

바울 사도를 괴롭혔던 육신의 가시가 더 이상 고난의 아픔이 아닌, 오히려 분에 넘치는 은혜로 뒤바뀌는 영적 축복이 되었듯, 나 역시 암세포의 재발이 나와 하나님을 더욱 가까이 만드는 기회가 되기를 소망한다. 나의 하나님을 더 많이 의지하면서 그분의 인도하심으로 남은 날들의 은혜를 누리기를….

세 번째 서원,
Being의 삶과 Doing의 삶

하나님은 암 치료 과정을 통해 내게 고통을 주셨다. 그리고 그 고통을 통해 내 서원을 돌아보게 하셨다. 항암 주사약이 암세포를 죽이듯 이 고통을 통해 하나님은 내 영의 불순물과 쓰레기를 다 태우셨다. 그제야 나는 비워지고 낮아질 수 있기 때문이다. 그래서 이 고통은 그냥 육신의 아픔이 아닌, 내 영혼을 새롭게 다시 깨워 살리는 경이로운 고난이 된 것이다.

이는 곧 세 번째 서원을 향한 필연적인 한 과정의 시간들이었다.

이제껏 나는 내가 무엇을 행하고(doing) 이루어 하나님의 은혜와 축복에 보답하고자 했다. 그런데 그것은 실패로 끝났다. 하나님이 내게 원하신 것은 그분의 영광과 거룩함에 합당한 하나의 존재(being)로, 한 사람의 '산 신앙인'으로 살아가는 것이 아닐까….

우리 인생은 한 번 태어나면 반드시 본향으로 돌아간다. 이 세상에서 가장 확실한 사실은 누구나 죽는다는 것, 가장 불확실한 사실은 언제 죽을지 모른다는 것이다. 이것이 우리 삶의 오묘함이고 우리를 겸손하게 만든다. 바울 사도는 이렇게 고백했다.

"내게 사는 것이 그리스도니 죽는 것도 유익함이라" (빌립보서 1:21).

우리가 이 땅에서 겪는 생사화복은, 한평생 그려가는 한 폭의 아름답고 신비한 수채화와 같다. 그래서 인생은 죽음과 삶, 눈물과 환희, 낮과 밤, 바다와 육지, 달과 태양, 앞뒤와 시작과 끝이 있는 듯 없는 듯 하루하루를 자고 일어나며 또 살아내는, 참으로 찬란하고 멋진 여정이다. 이는 영원불변한 단 하나의 진리가 아닐까! 이제 내 인생에 마지막으로 남은 붓 터치를 마치고 나면 내 앞에 천국의 새 화폭이 활짝 펼쳐질 것이다.

"여호와는 나의 목자시니 내게 부족함이 없으리로다 그가 나를 푸른 풀밭에 누이시며 쉴 만한 물가로 인도하시는도다 내 영혼을 소생시키시고 자기 이름을 위하여 의의 길로 인도하시는도다 내가 사망의 음침한 골짜기로 다닐지라도 해를 두려워하지 않을 것은 주께서 나와 함께하심이라 주의 지팡이와 막대기가 나를 안위하시나이다…내가 여호와의 집에 영원히 살리로다" (시편 23:1-4, 6)

이제 암과 심장병이라는 무거운 짐으로 눌러서라도 나를 엎드리게 하신 바로 이곳에서, 나는 새로운 출발의 걸음을 다짐하며 하나님께 세 번째 서원을 올려드린다.

"하나님. 나의 남겨진 삶을 계수하며, 남은 인생을 다시 어린아이처럼 순전한 마음으로 거듭난 삶을 살아가는 연단의 시간으로 살아가게 하소서. 그리하여 후손들에게 믿음의 좋은 본보기가 되게 하시며 부끄럽지 않은 삶으로 마치게 하옵소서. 나는 여전히 부족하지만, 온전하신 주님의 긍휼의 은혜로 저를 받아 주시옵소서.

날마다 그 서원을 가슴에 새기며 내게 주어진 하룻길을 걸어가려 합니다.
피난의 첫걸음으로 시작한 흙길을 따라 황소 누렁이의 고삐를 끌며 언덕길을 지나, 먼 대륙 열사의 사막길을 돌아 이곳 캘리포니아까지, 티끌 같고 잡풀 같은 인생의 길 굽이굽이마다 어머니의 사랑과 아버지의 인내를 알게 하시며, 기적이 일상이 되고 신비가 상식이 되도록 이끄신 그 형언할 수 없는 은혜를 한없이 베푸신 하나님, 영원히 찬송과 존귀와 영광을 받으시옵소서!

그리고 바라옵건대, 이 책을 통해 하나님의 거룩과 영광을 세상에 증거하고자 합니다. 지나온 저의 인생길 속에 보여주신 모든 사랑과 축복들을 고백하기 원합니다. 믿지 않는 단 한 명의 생명이라도 이 책을 통해 우리 좋으신 하나님을 만날 수 있는 고백의 글이 되게 하옵소서."

다시
주님 앞에 엎드려

어바인 집 뒤뜰은 나의 사색의 공간이다.

찻잔을 앞에 놓고 고요한 풍경을 바라본다. 움직이지 않는 듯하나 조용한 미풍에 아주 조금씩 흔들리는 풀, 그리고 장미, 베고니아의 화려한 꽃들. 단정하게 정돈된 정갈한 뜨락에는 삶의 기품이 묻어난다. 그렇게 살아오려고 노력했다. 흐트러지지 않는 마음가짐, 하나님을 향한 사랑으로 가득 찼던 그 마음은 머리털까지 세시는 하나님께서 아실 것이니 감사할 따름이다.

하나님을 향한 나의 세 번째 서원이 진행형인 가운데 그분의 말씀을 묵상하며 고통의 의미를 되새겨 보았다. 고통은 우리 삶에 언제나 함께 한다. 죽음 또한 늘 함께 한다. 다만 의식하지 않을 뿐이다. 동시에 나를 향한 하나님의 훈련(역경, 고난의 discipline)도 진행형이다.

다시 주님 앞에 엎드려 내 깊은 영혼의 탄식과 함께 미처 하지 못한 고백을 올려드린다. 주님, 저의 마지막 고백을 받아주소서.

불혹의 나이에 이르러서야 생명의 주인이신 당신의 영광스러운 임재에 눈을 떴습니다. 그리고 남은 생애는 영원한 종으로서 살기를 서원하였습니다. 종의 표식으로 문지방에 귀를 대어 뚫으라 하시면 그것마저도 불사할 듯이 주님의 다스림 아래 조아려 사는 새 삶을 다짐했습니다.

그날로 저의 일상에는 실로 해 위의 새 날들이 밝아 왔습니다. 불어오는 바람도 주님의 따뜻한 숨결로 느껴졌습니다. 이름 모를 새소리도 주님의 사랑의 음성으로 들려왔습니다. 손 위에 성경을 펼치면 제가 궁금해했던 삶의 질문들에 대한 답이 눈앞에 길처럼 환히 보이는 신비로운 시간들로 채워졌습니다.

그러나 언젠가부터 저의 육신에 속한 질기고도 강퍅한 옛사람의 관성이 조금씩 다시 머리를 들고 힘을 가져 내 안에 소멸되었다고 여긴 그 게으름, 편견, 판단, 독설, 정죄, 비교의식, 완벽주의를 다시 끌어냈습니다. 더욱이 그동안 쌓아 올려온 저의 종교적 의가 오히려 그러한 겉사람의 기질을 더욱 강화시켜 놓았습니다.

일찍이 주님은 저를 위해 영문 밖 십자가 언덕에서 친히 몸 찢기고 피 흘려 성전을 가렸던 휘장을 위로부터 아래로 찢으셔서

해 위의 삶을 제 앞에 활짝 열어 주셨건만 저는 다시 걸음을 물려 해 아래의 삶으로 돌아가곤 했습니다.

그럴 때마다 신앙의 형식을 좇아 나아간 경건의 시간과 예배의 자리에서 성령의 깊은 탄식을 듣기도 했지요. 찔림도 있었고 놀라 돌이키기도 했지만, 그때뿐이었습니다. 거듭되는 실패의 반복은 저로 하여금 후회를 지나 실망을 거쳐 자괴의 늪에 빠져 스스로를 증오하기에 이르렀습니다.

주님! 왜 이리도 힘겨운 것인지요? 내 안에 있다는 그 믿음이라는 것은 대체 무엇인지요?

제자들과 함께 한 베다니에서 주님 눈앞에 푸른 잎을 자랑하던 무화과 한 그루, 그러나 주님께서 시장하신 손을 내밀어 열매를 찾으셨을 때 아무것도 내어 드리지 못했던 열매 없는 그 무화과, 그것이 꼭 저의 실존의 모습이며 자화상인 듯합니다.

오호라, 저는 곤고한 사람입니다. 죄인 중의 괴수입니다.

그래도 이제, 무거운 몸일지라도 성전 바닥에 엎디어 참회합니다. 누더기처럼 때묻고 해진 저의 겉사람의 옷을 찢습니다. 차마 용서해 주십사 구하는 것마저도 전에 해 본 입바른 형식일까 두려워, 몸 둘 바 몰라 이렇게 흐느끼며 속으로 자책하고 한탄하며 탄식할 뿐입니다.

간절히 바라옵기는 벌거벗어 엎드린 저를 보혜사 성령의 날개깃으로 덮어 주시옵소서. 일찍이 저를 위해 십자가에서 흘리신 예수의 보혈로 다시 씻어 주시옵소서. 영원히 놓아버리지 마시고 궁

휼히 여기시고 인자를 베풀어 주시옵소서.

이 무익한 종의 어깨에 저의 의가 아닌, 오직 주님의 의로 지으신 세마포를 입혀 주시고, 이 몸이 육신의 멍에를 벗고 주님 앞에 서는 그날, 저 새 하늘 새 땅에 들어가 새 노래의 찬미와 영광 속에서 온전한 영생을 시작하기까지 은혜로 사슬 삼아 묶어 저를 이끌어 주시옵소서.

그리하여 저에게 남은 걸음은 오직 주어진 날들을 계수하는 지혜 속에서 날마다 예수 그리스도의 성품을 다시 내 속에 채워 가게 하옵소서. 연체되고 지체되어 공수표처럼 버려졌던 저의 서원을 두렵고 떨림으로 새로이 갚아가게 하옵소서. 헤아릴 수 없는 주님의 은택을 받은 자로서 그에 합당한 회개로 열매를 삶으로 맺어 그 백만 분의 일이라도 보은할 수 있게 하옵소서.

그리고 홀연히 하늘의 부름을 입는 그날에 이 불충한 종의 입술로 "오, 하나님, 나의 하나님, 나의 복이 되신 하나님" 하면서 영화로운 당신의 성호를 조용히 찬송하며 무릎으로 나아가 하나님의 은혜의 품에 안기게 하여 주시옵소서.

오늘도 해가 저물고 있다. 고요하며 아름답다. 모든 것은 때가 있다. 그 모든 때는 하나님의 주권 아래 있다. 나의 인생도 하나님의 주권 아래 있었음을 감사한다.

내게 암은 사망 선고가 아니라 축복의 통로가 되었음을 고백한다. 이제 나는 내 남은 날들을 계수하며 기록을 남기려 한다.

Irvine 집 뒤뜰에서

    이 글은 내 생명의 주인 되시며 내 삶의 왕 되신 나의 하나님의 종으로서, 청지기로서 올려드리는 나의 인생 보고서이다. 하나님께 드리는 마음의 제물이 되기를 원한다. 그래서 한 문장 한 문장을 써 나가는 것이 두렵다.

    아침의 정기를 받아 책의 미진한 부분들을 붙들고 애를 쓰다 보면 어느덧 탈진 상태에서 삶의 정수(精髓)를 잉크 삼아 힘겹게 이

글을 쓰고 있다. 아니, 이제야 제정신이 든 늦둥이처럼 이런저런 나의 부끄러움을 진솔하게 고백하는 나의 참회록이다.

- 림프암 재발 진단을 받고 2024년 1월,
주께서 공급하신 나의 사랑의 쉼터,
어바인(Irvine) 집 뒤뜰에서…

부록

내 생애 가장 깊고 깊은 나홀로 묵상 여행

묵상 여행 중 기록한 저자의 손글씨 메모

12월 23일 화요일

2008년 12월 23일부터 28일까지 나홀로 묵상여행을 떠났다. 한 번도 가본 적이 없는 Lake Hume Christian Camp에서 5박 6일 동안 홀로 묵었다. 나는 갈급했다. 홀로 있는 시간이 필요했다. 60세 은퇴 이후의 내 삶을 주님께 온전히 드리고 싶었다. 그러기 위해서는 나의 영적 쇄신이 절실했다. 아내와의 갈등으로 인한 결혼의 의미도 다시 되새기며 나의 영혼이 흰 눈같이 희게 되기를 소망했다. 행위가 아닌 변화된 믿음으로 하나님 앞에 다시 서고 싶었다.

차로 7시간이나 걸리는 먼 거리였다. 전화를 받은 수양관 사무원은, 눈이 많아 와서 스노우 체인을 끼고 와야 하는데 대체 뭐 때문에 이런 어려운 상황에 올라오려고 하느냐고 의아해했다. 그렇다고 내 결심은 변하지 않았다. 오랜만에 고생 좀 해 보는 것도 나쁘지 않겠다 싶었다. 성경책과 책 두 권을 넣고 간단하게 짐을 꾸려 무작정 집을 떠나고 말았다. 그냥 아무도 없는 곳으로 가급적 멀리 가서 고독한 시간을 갖고 싶었다. 떠날 무렵 현민과 은별의 전화를 받았다. 크리스마스 이브에는 늘 가족이 모였는데 나홀로 떠나니 미안함과 부끄러움이 앞섰다. 그럴 때가 있다. 좋으신 하나님 앞에서는 더욱 부끄러웠다.

5번 FWY를 들어서며 내가 늘 들었던 찬송가 테이프를 리핏으로 맞춰놓고 곡 하나하나 가사 한 마디 한 마디 기도하는 마음으로 같이 읊조렸다. 나를 얽매었던 모든 환경, 가족, 관심사, 걱정을 다 내려놓고 완전히 공허한 심령이 되어 하나님만 바라보는 진정한 QT의 시간이었다.

마땅한 숙소가 눈에 뜨이지 않아 1시간 20분이나 헤맨 끝에 겨우 체크인하고 발을 뻗으니 11시 30분이다. 잠시 엎드려 주께 나의 착잡한 심정을 다시 고하는 시간을 가졌다.

"주여, 주의 뜻하신 대로 이끌어 주시옵소서. 내가 순종하리이다…강권적으로 나를 깨뜨려서라도 주의 뜻을 이루시옵소서…"

12월 24일 수요일

목적지를 향해 가려고 일기 상황을 점검하였는데 사정이 아주 좋지 않았다. 수, 목, 금 사흘에 걸쳐 고산지대에 폭설이 온다는 좋지 않은 예보였다. 주님께 기도드렸다.

"주님, 이제 주님을 만나 주님 주시는 깨달음과 은혜를 맛보기 위해 수양관을 향해 떠납니다. 성령의 도우심으로 잘 도착하게 해 주시옵소서…"

산을 오르기 시작하는 초입에는 작은 마을들이 몇 군데 있어 심심치 않게 둘러보며 지나다가 어느덧 산길 중턱에 오르자 길은 꼬불꼬불 깎아지른 절벽 길이었다. 편도 1차선 작은 길 양편으로는 아직도 잔설이 남아 차선은 더욱 좁아진 상태였다. 그야말로 중간에 차를 세울 수도, 되돌아 나올 수도 없는 길이었다. 그냥 주의 보호하심을 믿고 앞만 보고 나아가는 수밖에 나의 선택권은 전혀 없는 상황이었다.

아무도 없는 깊은 산속에서 차의 GPS 안내를 보니 30마일 남겨 놓은 시점부터 기어이 눈이 내리기 시작했다. 길이 미끄러워

도저히 그냥 가기 어렵게 되어 눈을 치우고 있는 젊은 청년 옆에 차를 세웠다. 청년들의 도움으로 스노우 체인을 달았다. 여호와 이레의 선한 사마리아인을 만난 것이다. 감사의 표시로 간식에 보태라고 현금 얼마를 건넸더니 두 청년이 함께 "메리 크리스마스!" 하며 함박 미소를 짓는다. 그래, 은혜는 이렇게 서로 나눌 때 사랑이 되는 것이지….

눈발은 더욱 굵어지는데 갈 길은 30여 마일, 시간으로는 1시간 20분으로 나타난다. 스노우 체인을 차고 좁은 산길을 오르고 내리고 미끄러지며 기어가니 2시간은 족히 걸릴 것 같다.

열심히 GPS 안내를 따라 캠프를 향해 거의 1시간 30분은 왔는데 아무 인적도, 주택도, 사람 사는 흔적도 없는, 외지고 좁은 산길 중간에 이르자 황당한 일이 벌어졌다.

GPS가 느닷없이 "목적지에 도착했다"는 안내를 하는 것이 아닌가. 깊은 산속이라 GPS도 감을 못 잡은 것일까. 당혹감도 잠시, 걱정과 두려움이 몰려왔다. 깊은 숲속이어서 하늘도 제대로 보이지 않는데다가, 길은 미끄럽고 좁디좁은 산길이어서 그야말로 대책이 서지 않는다. 조금 더 가면 목적지가 아닐까 하는 기대로 10여 분 더 가보았으나 가면 갈수록 깊은 골짜기였다. 만약 계속 가다가 해가 져서 어두워지고 Cell phone 신호도 안 잡히면 길을 잃게 된다는 절망감이 엄습했다.

결국 다시 길을 돌렸다. 공원 안내소까지 되돌아가는 30여 분이 왜 그렇게 멀리 느껴지는지…. 하늘은 완전 잿빛으로 어둑해지고 눈은 쉴 새 없이 내려 쌓이는데 마음이 다시 가난해지며 절박한 심정이었다. 처량하고 고독하고 쓸쓸했다.

"하나님, 왜 이러십니까…제가 두 손 들고 자복하는 마음으로 여기까지 올라왔는데 아직 주님께 간구할 자세가 안 되어 있다는 말인가요?"

안내소에서 재차 확인하니 내가 갔던 길로 계속 직진하여 길이 끝날 때까지 가라는 설명이었다. 마음의 평정을 되찾고 다시 차를 돌렸다. 계속 기도하며 나아가는 방법밖에 없었다. 길 상태는 더욱 나빠져서 거의 기어가다시피 하여 차를 몰고 가니 근 1시간 만에 호숫가가 나타나며 도착했다.

수양관 입구에 이들의 Mission이 적혀 있었다. 이곳 300에이커의 땅을 하나님의 영광을 위해 사용한다는 내용이었다. 아, 그랬구나. 300에이커의 광활한 땅이니 내 GPS는 그저 그 300에이커의 산속 끝부분 정도를 찍어 읽고 다 도착했다는 안내를 했겠다 싶어 실소가 났다. 이미 예정보다 너무 늦어 모든 것이 닫혔고 키 박스에서 설명서와 내 키를 찾고 숙소를 찾는데도 만만치 않게 시간이 걸린다. Bakersfield를 떠나 6시간 30분 만에야 도착한 것이다.

놀라운 것은 안내소에서 길을 재차 확인하고 다시 돌아오는 길에 그 많던 진눈깨비는 다 어디로 가고 날이 환하게 밝아지며, 아름다운 함박눈이 크리스마스 그림 속 설경처럼 사뿐사뿐 내리고 있는 것이 아닌가. 마치 주님께서 "그래, 네가 참 고생이 많았지"라고 말씀하시며 나를 반갑게 맞아 주시는 환영의 눈송이 같았다.

"참 좋으신 하나님, 내가 주를 사랑합니다."
기도하는데 감사의 눈물로 범벅이 되었다.
참 좋은 멋진 곳이다. 울창한 수목마다 온 천지가 흰 눈으로 덮여 하나님의 성호를 찬양하듯 고요한 가운데 평강이 넘치는 그런 분위기다. 방도 깨끗하고 정갈하여 부족함이 없다.
크리스마스 이브 파티에 초대하는 초청장이 문에 걸려 있었다. 자상하고 친절한 메모였다. 기침이 남아서 가지 않을 마음으로 쉬고 있는데 누군가 문을 노크한다. 나가 보니 파티 호스트라는 집주인 남자가 자기를 소개하며 같이 가지 않겠느냐고 한다. 참으로 황송하고 고마웠지만 사양하는 게 너무 미안했다.

주님께 엎드려 기도드렸다.

"첫째, 제가 영적으로 쇄신할 수 있게 역사해 주시옵소서. 둘째, 저의 가정문제를 해결해 주시옵소서. 셋째, 저를 용서해 주시옵소서. 60세에 은퇴하고 하나님의 사람으로 하나님의 사역을 감당하며 남을 위한 삶을 살아가겠다고 서원하고 아직도 못 지키고 있으니 회개합니다. 더 늦지 않도록 다가오는 새해부터라도 주님께 충성하게 도와주시옵소서.

마지막으로, 매각된 아발란치의 대를 잇는 사업에 관한 것입니다. 일부 직원들이 실업 상태에 놓여 있어서 다시 찾아와 간청한 것을 주님은 아십니다. 주님의 선한 인도하심을 바라고 기도합니다…제 개인적으로는 다시 성공의 대가를 바라는 사업이 아닌, 사랑했던 직원들, 나를 그처럼 따르던 그들에게 다시 좋은 일터, 생업의 일터로 그들에게 자리를 베풀어 주는 것이 목표입니다….”

첫날밤, 기도 후 오랜 운전으로 인한 피로함과 주께서 주시는 평강에 취해 잠이 들었다.

12월 25일 목요일

아침에 눈을 떠 꿈을 되새겨 본다. 분명 잠결에 "여보" 하며 집사람이 나를 부르는 소리를 똑똑하게 들었다. 나머지 꿈은 기억이 채 나지도 않는데….

아침 QT를 로마서로 시작했다. 찬송 141장과 136장을 부르며 흐르는 감동으로 아침 첫 예배를 드렸다.

> "하나님을 알되 하나님을 영화롭게도 아니하며 감사하지도 아니하고 오히려 그 생각이 허망하여지며 미련한 마음이 어두워졌나니 스스로 지혜 있다 하나 어리석게 되어" (로마서 1:21~22).

그렇다. 자세히 살피면 바로 이런 모습의 나를 쉽게 보는 것 같다. 그럴 수는 없다. 어찌 하나님의 그 크신 은혜를 받은 자가 이렇게 버려지게 될 수 있는가!

오늘, 내일은 먹을 것과 마실 것을 하나님께서 내려 주셔도 내 손길로 챙겨야 한다. 떡 두 덩이와 사과 하나로 감사 기도를 드리며 아침을 해결했다. 어제 오후부터 내리기 시작한 눈이 밤새, 그리고 오늘 하루 종일 내리는 것 같다. 이제 모든 산길이 close된 게 확실하다. 세상과는 완전 단절이 되었다. 그래, 고요한 적막 가운데 갇혀 지내자. 눈이 거의 4피트 이상 쌓여 밖으로 나갈 수도 없다. 하루 종일 감옥에 갇힌 사람처럼 책을 읽고 기도하며 묵상하고 낮잠도 잤다. 그리고 이 글을 쓰며 방 안에 그대로 갇혀 지냈다.

온종일 내리는 눈의 모습도 여러 형태로 재미있어 보인다. 때로는 진눈깨비가 되어 뒤섞여 무겁게 내리는 눈을 볼 때에는 그 모습이 마치 심술궂고 고집스러운 내 모습이 되어 나를 쳐서 복종시키지 못하고 주님의 강권 앞에 발버둥치듯 끝까지 저항하며 쓰러지는 것처럼 보인다.

때로 바람에 휘날리는 눈보라가 되어 내릴 때에는 마치 내가 마음에 작정하지 못하고 이리저리 바람결에 흔들리듯 갈 길을 잃고 방황하는 모습처럼 보인다.

탐스러운 함박눈이 내릴 때에는 마치 성령의 단비가 눈이 되어 충만하게 부어지는 탐스러운 눈발로 보여서, '아, 하나님은 이처럼 눈 내리는 날에 나를 방에 가두시고 눈의 모습에서도 나를 돌아보게 만드시는 완벽한 하나님이시구나' 하며 감탄하게 된다.

오후 들어 주께 기도로 나아가는 시간에 뜨거워졌던 나의 기쁨을 몇 자 기록해야 할 것 같다.

"나의 주님, 저의 60 평생 처음 갖는 이 귀한 체험, 나홀로 떨어져 세상을 등지고 온종일 방에 갇혀 주와 함께 보내는 이 시간들이 감사합니다. 주님, 저에게 저 바깥에 내리는 눈발처럼 성령의 은혜를 부어주시옵소서. 주여, 저의 허물과 불순종의 모든 죄악들을 내어 놓고 회개합니다. 하나하나 기억나게 하시고 다 자백하지 못하는 잊혀진 죄악도 기억나게 해주시옵소서."

기도가 끝없이 계속된다.

12월 26일 금요일

집을 떠난 지 오늘로 4일째, 철저한 고독 속에 나와 주님만이 교통할 수 있는 시간들을 보내겠다고 다짐은 계속하지만 가끔 떠오르는 가족들, 교인들, 그리고 나를 위해 열심히 기도하실 목사님, 아랫목처럼 편안했던 환경 등 며칠 밖에 안 되었으나 보고 싶고 안쓰러운 생각이 떠오른다. 열심히 참자.

연 이틀째 아내가 나를 부르는 소리를 들었다. 주께서 엎드려 간절하게 세 번이나 애끓는 기도를 하신 것처럼, 각자 겟세마네 동산에서 거룩하신 주님의 십자가 보혈 앞에 무릎을 꿇고, 자신을 부인하며 오직 주님의 뜻만 구하는 거룩한 모습으로 돌아가야 한다고 믿는다. 오, 주여! 죄 많은 곳에 주의 은혜를 더하여 주시고 긍휼을 베풀어 주시며 자비로 용서하여 주시옵소서. 회복시켜 주시옵소서….

아침 QT 시간에 눈물로 올려드렸던 찬송 190장, 그리고 197장. 하나같이 족집게처럼 주님께서는 나의 심령을 묘사하는 두 찬송을 주셨다. 로마서 2장은 오늘도 값진 대성찰의 귀한 말씀이 되었다.

창가에 달린 고드름을 보니 오늘은 나가서 차 상태를 확인해 보아야겠다. 아니나 다를까, 차는 완전히 눈 속에 파묻혀 있었다.

밤 사이 하도 두통이 심해 3시쯤 잠이 깨어 걱정이 되었다. 아무도 돌봐줄 사람도 없는 상황에서 주님께 떼를 쓰기 시작했다.

"주님, 저 여기서 병들어 누우면 어찌하시렵니까. 지금 아플 상황이 아닙니다. 하나님의 영광을 나타내 주시옵소서. 아멘, 할렐루야."

다시 잠들고 아침에 일어나니 두통이 말끔하게 사라졌다. 성령의 내재하심을 느끼면서 나를 돌보시는 성령 하나님과 동행하며 하루를 지냈다.

존 맥아더 목사님의 《Alone with God the power and passion of prayer》는 시의적절하게 잘 갖고 온 책이었다. 급히 나오며 눈에 띄는 대로 두 권을 고른 것인데 주님께서 내게 읽히시겠다고 미리 준비하신 책인 것이 틀림없다는 확신이 왔다. 이곳에 있는 동안 《The Silent Shepherd - The care, comfort, and correction of the Holy Spirit》까지 다 읽고 가야겠다는 결심이 선다. 지금 내 상황에 가장 절박한 것이 눈물로 주께 매달리는 기도 이외에 무엇이 있겠는가. 많은 기도의 책을 읽었으나 이 책 또한 새로운 깨달음이 도전적으로 와 닿는 좋은 내용들이 너무 많다.

홀로 하나님 앞에 나아가 갖는 기도의 시간은 진정한 사랑, 헌신과 순종으로 부르시는 시간이요, 영원한 창조주 하나님과 내 영이 만나 달콤하고 친밀한, 뜨거운 교제를 나누는 시간이라고 말씀하신다. 참된 기도는 성령과 동행하는 삶 속으로부터 나오는 열정의 기도요, 생명이 넘치는 기도요, 하나님의 임재하심 앞에 하나님의 뜻을 구하는, 진정한 순종의 고백이 터져 나오는 기도라고 말씀하신다. 아멘.

다른 한 책까지 숙독하며 은혜를 채우기 원하는데 문제는 둘다 영어 원본들이라 읽는 속도가 나지 않아 걱정이다. 오죽했으면 "하나님, 저를 좀 도와주시지요. 이런 책을 저술하신 분도 있는데 저는 이것을 읽는데도 이렇게 모르는 내용이 많아 힘이 들어 지칩니다. 바라옵건대 한 글자, 한 문장도 놓치지 않고 뜻이 내 가슴판에 새겨지도록, 성령의 능력으로 도와주시옵소서" 하고 기도를 했으니 말이다.

이제 내일 아침부터는 이곳 식당이 문을 여니 먹는 것으로 걱정은 안 해도 되겠다. 남들은 금식도 하는데 어찌 나에게는 그게 그렇게도 힘이 드는지….

12월 27일 토요일

밤 사이에 서너 번을 깨어 뒤척이다 보니 5시 30분이 되었다. 피곤에 눈이 잘 떠지지 않는데 '이럴 수는 없지. 여기까지 와서!' 하면서 일어났다. 샤워 후 상쾌한 마음으로 오늘부터 오픈하는 식당으로 갔으나 이틀 동안 폭설로 식당도 오픈 계획이 취소되었다. 그래서 그냥 QT.

로마서 3장. 율법의 행위에 기초를 맞춘 믿음과 하나님의 은혜로 값없이 얻은 의로운 믿음을 생각해본다. 그런데 자세히 나를 살펴보면 때로는 나의 행위, 판단, 나의 의가 하나님의 은혜로 주어진 의를 앞서 가는 경우들이 있음을 보게 된다. 나의 육신의 생각들이 나를 지배하는 잠재적 돌발 행위는 성령의 역사를 잠재우는, 성령을 탄식하게 하는 중대한 잘못임을 깨닫는다.

어제로서 《Alone with God》을 다 읽고 오늘밤까지는 《The Silent Shepherd》도 끝을 낼 수 있을 것으로 생각된다. 성령의 도우심인지 한결 내용이 쉽고 부딪히는 단어들도 별로 없어 수월하게 진도가 나가고 있다. 두 책 모두 이번 나의 기도 제목과 직접적으로 연결되어 기도 응답의 길잡이 역할을 하는 것 같다.

《Alone with God》은 주기도문을 강해하며 저자의 깊이 있는 통찰로 매우 유익하게 읽었다. 우리의 신앙 성장이나 상태는 얼마나 친밀하게, 세밀하게 하나님께 홀로 나아가 기도로 교제하는가에 달려 있음을 다시 깨닫게 되었다. 평소 잘 아는 내용들이라도 이렇게 하나님 앞에 홀로 나아가 갈급한 심정으로 엎드리면 새로운 관점으로 못 보던 부분을 보게 되고, 또 깊이 있게 마음판에 새기듯 확실한 깨달음을 주시는 특별한, 아주 값진 시간으로 축복을 받았다.

책을 통해 성령과 동행하는 구체적 패턴을 정리하여 이제 내 삶 속에 하나하나 적용하기로 결단하고 주께 도움을 간구하는 기도를 드렸다.

첫째, 하나님 말씀을 묵상한다.

찻잔에 티백을 완전히 담가 차의 향기가 찻잔에 배어들고 물이 짙은 차 색깔로 바뀌어지듯, 말씀이 내 영혼에 완전히 스며들고 배어들어서, 내 입에서 나오는 말이 영혼에 배어든 말이 묻어 나오도록 주신 말씀을 완전 분해하듯 깊은 묵상을 한다.

둘째, 내 마음이 주께 고정된다.

내 마음을 가다듬고 훈련하여 나의 모든 관점들이 하나님께 초점을 맞춘다.

셋째, 하나님과 기도로 교통한다.

쉬지 않고 기도하듯, 순간순간의 내 행보를 기도로 주께 맡기며 순종한다. 여기에 적용되는 성구들을 암송 카드로 작성하고, 성령의 길에 동행하는 제자로서의 삶을 살기 위해 재헌신할 것을 기도한다.

세 번째 기도 제목이었던, 은퇴 후 하나님께 서원했던 섬김의 삶은 하나님의 인도하심을 따르는 것으로, 지금은 내가 무엇보다 우선적으로 하나님의 부르심에 합당한 현재의 내 모습을 바로 세우는 데 초점을 맞추어야겠다.

마지막 기도 제목이었던 아발란치 회사 건은 아직까지 하나님의 인도를 못 받고 있으나 언제든 그분의 뜻에 따라 결정하기 위해 계속 기도를 더 해야겠다.

아침에 현민의 예기치 않은 전화로 가족들이 많이 걱정을 한 것을 알게 되었고, 가족들의 믿음과 하나님께 기도하는 그들의 자세에 감사하며 이 모든 상황을 주관하시는 하나님께 영광을 돌려드린다. 이런 귀한 시간을 통해 나를 지켜 주시고, 나를 바로 세워 주시며 복된 시간을 주시니, 앞으로도 가끔은 이렇게 홀로 하나님께 나아가는 기회를 가져야겠다.

12월 28일 일요일

　어제는 하나님께 하나님 보시기에 이제 하산을 해도 좋을지를 기도했다. 올라올 때 갈급하게 원했던 나의 영적 쇄신과 재충전이 얼마나 이루어졌나에 따라 오늘 가도, 아니면 2~3일 후에라도 좋으니 하나님께서 올바른 선택을 하도록 인도해주시길 기도하였다. 하산할 경우를 대비해 읽던 책 두 권을 다 마치고 가리라 마음먹고, 거의 밥 먹는 시간 빼고는 하루 종일 책에서 주는 깨달음과 은혜로 새벽 2시까지 정리를 하느라 아침 8시가 되어서야 기상하였다.

　몸은 다소 피곤하나 성령이 주시는 기쁨과 평강으로 아버지께 엎드려 감사의 기도와 하루를 주관해 주시길 구하는 인도의 기도, 그리고 주일 예배로 내 마음을 준비시켜 주실 것을 간구하는 시간을 가졌다. 이곳 채플은 3곳 모두 자리도 충분한 규모의 훌륭한 시설이지만 목사님들도 오늘 주일은 휴무로 주일 예배가 없다고 한다.

　로마서 4장 말씀을 읽고 묵상의 시간으로, 하나님께 간절히 깨달음을 주시기를, 나의 영혼의 피와 살이 되는 말씀, 생명의 말씀,

내 영이 새로워지는 말씀, 주의 영광을 바라보는 말씀이 되게 해주시기를 기도하였다. 19~22절에 나타난 아브라함의 믿음을 살펴보며 감사드렸다.

나의 믿음의 눈―내 육신의 불완전한 눈이 아닌―으로 내 하나님을 바라보자. 그의 뜻을 구하고 그의 뜻을 마음에 품고 그 뜻을 이루신 그분께, 순종하고 확신하고 바쳐지는 내 믿음이 하나님께서 보시기에 의롭다 하심을 들을 수 있어야겠다.

이제 내려가면 하나님의 거룩하심 앞에 내 몸과 마음을 바로 세우고, 성령의 사람이 되어 하나님과 함께 동행하며 그의 열매를 맛보는 충만한 은혜의 사람이 되기를 간구하며, 무시로 기도로 나아가는 기도의 사람이 되어야겠다.

빨리 달궈지는 냄비도 좋으나 빨리 식지 않는 늘 한결같은 전기 밥솥처럼, 조용히 때로는 침묵으로 이 부족한 자를 중보하시는 성령 하나님의 잔잔한 감동과 깨우침과 고치심과 내 영혼을 충만하게 적시는 그 은혜 속에 하루하루를 걸어가련다. 주께서 쓰시기에 합당한 그릇이 되기 위해…할렐루야, 내 주를 찬양하며….

은혜의 발자취
그 기쁨의 노래들

1판 1쇄 인쇄 _ 2025년 8월 11일
1판 1쇄 발행 _ 2025년 8월 25일

지은이 _ 황윤석
펴낸이 _ 이형규
펴낸곳 _ 쿰란출판사

주소 _ 서울특별시 종로구 이화장길 6
편집부 _ 745-1007, 745-1301~2, 747-1212, 743-1300
영업부 _ 747-1004, FAX 745-8490
본사평생전화번호 _ 0502-756-1004
홈페이지 _ http://www.qumran.co.kr
E-mail _ qrbooks@daum.net / qrbooks@gmail.com
한글인터넷주소 _ 쿰란, 쿰란출판사
페이스북 _ www.facebook.com/qumranpeople
인스타그램 _ www.instagram.com/qrbooks
등록 _ 제1-670호(1988.2.27)
책임교열 _ 최은샘·최진희

© 황윤석 2025 ISBN 979-11-94464-99-0 03230

책값은 뒤표지에 있습니다.
이 출판물은 저작권법에 의해 보호를 받는 저작물이므로 무단 복제할 수 없습니다.
파본(破本)은 구입처에서 교환해 드립니다.